BTS
길 위에서

홍석경
지음

B T S
길 위에서

어크로스

런던의 날씨가 이렇게 좋다니, 이게 바로 팬들이 '방탄효과'라고 부르는 그건가. 전철이 웸블리역에 가까워질수록 방탄소년단(이하 BTS)과 관련된 물건들을 몸에 두르고 공연장으로 향하는 들뜬 팬들로 채워졌다. 역에서 내리면 웸블리 스타디움까지 가파른 계단과 기다란 통로가 이어진다. 어깨에 술이 달린 제복 차림의 잘생긴 청년들의 모습이 이 길을 장식하고 있고, 스스로를 분홍색과 보라색 문양으로 장식한 사람들이 서서히 스타디움으로 움직이고 있다.

스타디움 내부는 스탠딩 없이 운동장에 좌석을 여유 있게 배치해서 안전을 최대한 고려했다. 이미 충분히 달구어진 스타디움은 연이어 울려퍼지는 BTS의 히트곡을 따라 부르는 팬들의 열기로 가득찼다. 마치 21세기의 검투사들을 기다리는 거대한 콜로세

2019년 6월 BTS 월드 투어가 열린 런던 웸블리 스타디움 진입로 ⓒ 홍석경

움 같았다. 6만 명의 발 진동이 거대한 짐승의 앓는 소리처럼 웅웅거리는 웸블리 스타디움, 드디어 무대가 움직이고 흰옷을 입은 일곱 명의 디오니소스(그리스 신화에 나오는 술과 축제의 신)들이 거대한 표범상에 둘러싸인 채 등장한다. 이 투어를 여는 신곡 〈디오니소스〉의 시작이다. 한 손에 티르소스(디오니소스가 들고 다니는 지팡이)를 든 리더 RM의 에너지 넘치는 랩이 세 시간 동안 펼쳐질 디오니소스 향연의 개막을 알린다. BTS의 'LOVE YOURSELF: SPEAK YOURSELF' 월드 투어 웸블리 공연의 시작이다.

　내가 어떻게 이 자리에 앉아 있게 되었을까. BTS에 대한 관심은 '화양연화' 시리즈(2015) 시절로 거슬러 올라가고, 《WINGS》 (2016) 앨범이 나왔을 때부터는 여기저기에 칼럼을 쓰기 시작했다. 이때부터 BTS가 남다른 메시지 전략을 전개하고 있다는 사실이 눈에 띄었고, 글로벌 팬덤의 멈추지 않는 열띤 반응을 확인할 수 있었다. 때문에 KBS가 〈명견만리〉 방송을 위해 자문과 인터뷰를 청해왔을 때 흔쾌히 승낙했고, 녹화 방송 시에 방시혁 대표를 만나 학계와의 협력을 제안했다. 내 머릿속은 BTS가 새롭게 열어가고 있는 방대한 가능성에 대한 생각으로 가득 찼고 그들이 아시아 너머 세계 속으로 걸어가며 마주하게 될 어려움과 감당해야 할 크고 작은 싸움의 의미에 대해 생각하게 되었다. 방시혁 대표가 흔쾌히 연구 기획을 제안해보라고 했고, 나는 몇 개월 후에 기획서를 빅히트 엔터테인먼트로 보냈다. 2018년 8월 말 잠실 공연에서부터 2019년 6월 초의 웸블리 공연에 이르기까지 나는 이들의 행적을 따라가면서 수천만의 인구가 동시에 반응하는 이 모든 일의 의미를 찾으려 했다. 이 책은 그런 과정의 결과물이다.

나를 웸블리에 앉아 있게 했던 또 다른 인연은 1985년에 바로 웸블리 스타디움에서 열렸던 '라이브에이드(Live Aid)'다. 지금 BTS의 등장을 기다리며 달아오른 다문화 군중의 모습과 당시 텔레비전으로 지켜봤던 빽빽한 백인 군중의 모습은 많이 다르지만, 34년의 시간을 사이에 두고 '라이브에이드' 생방송을 시청했던 20대 시절의 경험과 충격이 세기와 인생이 바뀐 2019년 다시 생생하게 살아난다. '라이브에이드'는 복잡한 지정학적 상황에 가뭄과 전쟁이 더해진, 에티오피아를 비롯한 아프리카의 비극적인 기아 앞에서 영국과 미국의 가수들이 앞장섰던 전 지구적인 자선 모금 콘서트다. 런던과 필라델피아에서 동시에 진행되며 지구촌에 생중계된 이 자선 콘서트는 1983년 한국의 남북이산가족찾기와 더불어 생방송 중계에 기초한 미디어 이벤트의 새로운 경지를 개척한 사건이었다. 20대 초반의 나는 "'라이브에이드'와 아프리카 기아에 대한 이데올로기 분석"이라는 매우 1980년대적인 시선의 석사 논문을 썼었다. 바로 그 장소, 퀸의 프레디 머큐리가 청중에게 "에~ 오~"를 열창시키던 그 장소에서 BTS가 그 장면을 오마주하는 공연을 보고 있는 것이다. 20대 초반의 나는 매일매일 시위가 벌어지던 지구촌 변방의 엘리트 대학 대학원생으로서, 지구촌 중심부의 시간대로 텔레비전 화면 속에서 벌어지는 그 스펙터클의 의미가 무엇인지, 그 감동의 원인이 무엇인지를 질문했었다. 88올림픽을 따냈으나 과연 제대로 치를 수나 있을지 의심스러웠던 여러 사회문화적 불안이 가득했던 당시의 한국, 여전히 반독재 투쟁을 해야 했던 주변부 사회의 청년이 보기에 아프리카인의 생명을 위해 전 지구적 연대를 호소하는 서구 시민들의 열기는 부럽기도 하고, 또 다른 한편으로는 배부른 고민으로 느껴지기도 했었다.

34년 후에 웸블리를 메운 청중은 동아시아에서 날아온 아이돌 그룹을 보기 위해 전 세계에서 모여든 것이었다. 어떤 이들은 한 눈에 봐도 여유 있는 유럽의 중산층으로 보이지만, 다른 많은 젊은 팬들은 오랫동안 저축한 돈을 쏟아부어 이 자리를 얻은 것처럼 보였다. 그들은 어떤 보상과 기쁨을 위해 여기 모였을까.

"힘들 땐 우리가 함께 걸어온 길을 돌아봐"라고 쓰인 한글 배너가 여기저기 보인다. 이들은 다른 누구도 아닌 스스로를 위해 여기 모여서, 그들을 사랑한다고 말하는 동아시아 출신 20대 청년들의 일거수일투족에 환호하며 눈물 흘린다. 이 아름다운 청년들은 때로는 황홀한 유혹으로, 때로는 뜨거운 연대로, 때로는 종교적으로까지 느껴지는 '스스로를 사랑해야' 한다는 진리의 발견을 노래하고 찬양한다.

BTS가 새로운 길을 내며 실시간으로 만들어가고 있는 글로벌 팝문화의 현장에서, 이 문화의 의미를 사색한다. 이 책의 집필 동기가 되었던 연구를 지원해준 빅히트 엔터테인먼트, 연구 과정에서 목소리를 들려준 많은 현장 팬들과 온라인 팬들에게 감사한다. 무엇보다 지방 소도시의 안온함을 버리고 떨쳐 일어나 지금 이 자리까지 서로 어깨를 기대며 걸어와준 BTS 멤버들에게 고마움을 전한다. 이 책이 그 여정의 주인공과 팬들 모두에게 즐거운 독서의 추억이 되기를 바랄 뿐이다.

2020년 10월, 서울에서

차 례

5장

BTS와 새로운 인종적 상상력
: BTS는 어떻게 아시아인을 매혹의 대상으로 바꿔놓았나

6장

BTS와 대안적 남성성
: 그들은 어떻게 청년 세대의 젠더 감수성에 영향 미쳤을까

에필로그

BTS, 새로운 시대의 상상력 __265

BTS와
함께 세계 속으로

"텍사스는 정말 촌구석이에요. 어느 날, 제 집에서 두 시간 거리에 있는 월마트에 갔는데 BTS의 〈쩔어〉가 들리는 거예요. 주로 컨트리뮤 직을 트는 곳인데 말이죠. 기껏 힙합, R&B, 팝음악이나 트는 곳이었어요. 그래서 〈쩔어〉를 들었을 때는 진짜 놀랐고, 미쳤다고 생각했어요."
(JayLa, 20세, 미국, 포트워스 컨벤션 센터 앞 인터뷰)

이 팬의 증언처럼, 'BTS 현상'은 여러 측면에서 놀라운 것이다. 그동안 미디어들은 BTS의 온라인과 오프라인상의 여러 성과에 대해, 그들이 만들어내는 경제적 가치, 국가 이미지 개선 효과, 자랑스러운 각종 상과 트로피에 대해 수많은 보도를 해왔다.

BTS가 2018년 8월에 시작한 아레나 투어를 마치기도 전에 스타디움 투어를 시작한다는 소식이 전해지자 기다렸다는 듯 BTS

에 대한 책들이 쏟아져 나왔다. 대부분이 BTS의 디스코그래피 (discography)와 전기적인 사건들, 또는 BTS의 다이내믹한 팬덤인 아미(Army)를 철학적으로, 사회학적으로 의미화하거나 관찰한 책들이다.

이 책이 기존 저작들과 구분되는 점은 BTS를 특정 상황 속에서 여러 구성 요소에 의해 형성된 하나의 현상으로 접근한다는 것이다. 하나의 현상으로서 BTS에 접근한다는 것은 그들을 뮤지션, 메시지, 음악 정체성, 미학적 대상으로 분리해 대하는 것을 넘어서서 하나의 총체적인 대중문화로 간주하고 사회적·세계적인 현상으로 이해하는 것이다. 특정 시기에 세계 대중문화 시스템의 변방인 한국에서 일어나 전 세계에 수용자를 형성한 하나의 적극적이고 총체적인 현상, 과정, 결정체로 보는 것이다. 나는 한국 드라마, 케이팝, 코리안 뷰티와 패션 등이 주도하는 한류를 만들어내고 유지·확장하는 힘과의 관련 속에서 BTS를 설명하려고 한다.

그런데 BTS를 둘러싼 여러 현상들은 사실 팬들의 목소리를 통해 개별적인 경험에서 드러난다. 따라서 BTS 현상을 연구하는 일은 상황에 대한 지식을 토대로 현장의 다양한 목소리들을 최대한 일반화하는 동시에 이런 일반화된 경험들의 의미를 되묻는 작업이 되어야 했다. 후미진 텍사스의 슈퍼마켓에서 울려 퍼진 BTS의 〈쩔어〉가 이스탄불이나 케이프타운의 슈퍼마켓, 도쿄와 상하이의 뒷골목 카페, 니스와 발리의 자라(Zara) 매장에서도 울려 퍼질 것이라는 추정이 경험적으로도 확인된다는 것, BTS 현상은 과거의

〈강남스타일〉유행과는 매우 다르다는 것, "6포 세대"라는 한국어 가사를 알아듣는 경험이 케이팝과 BTS의 팬들, 더 나아가 세계화된 대중문화 수용자들에게 새로운 경험을 제공하고 있음을 확인하는 일이 되어야 했다.

BTS 현상은 전 세계에 미국과 유럽이 유행시킨 톱다운식의 대중문화와 다른, 세계화가 만들어낸 혼종적 문화이자 지배적 음악 유통 환경에 역행하는 흐름이다. 따라서 BTS 현상을 연구한다는 것은 먼저 SNS와 유튜브를 활용한 대중문화의 형성과 전파를 이해하는 것이다. 그리고 이 과정에서 전통적인 문화 매개자들의 권력이 어떻게 재배치되고, 새로운 문화 생산과 향유의 체계가 어떻게 형성되며, 세대·문화·인종·젠더의 새로운 규범과 경험이 어떻게 공유되는지에 대한 지식을 생산하는 일이다. BTS의 세계적인 인기는 이러한 세계화 속에서 새로운 문화 생산과 유통의 현실을 관찰할 수 있는 특별하고도 정당한 사례다. 마치 유유히 흐르는 강물의 한가운데 우뚝 솟아오른 바윗덩어리에 가해지는 힘을 통해 유속과 수질과 흐름을 관찰할 수 있는 것처럼.

BTS를 통해 세계를 바라본다는 것

이 책은 BTS 현상을 통해 그들이 걸어가고 있는 세계에 대해 질문한다. 이 질문에 답하기 위해 나는 BTS와 관련된 여러 현상

을 기록하고 장기간 관찰했으며, 콘서트를 지켜보고 현장에서 만
난 팬들과 인터뷰를 진행했다. 축제분위기 속에서 콘서트장 입장
을 위해 줄 서 있던 들뜬 관람자들을 대상으로 황급하게 질문하
는 대신, 시간이 허락되는 사람들을 따로 초대해 편안한 환경에서
긴 시간 동안 깊은 이야기를 나눌 수 있도록 노력했다. 자발적으
로 인터뷰를 하고 싶어 하는 팬들에게 시간이 얼마나 걸려도 상관
없는 대화의 환경을 마련해주자 많은 이야기가 쏟아져 나왔다. 이
들이 쏟아내는 팬덤 경험 속에서 어떻게 인종, 젠더, 계급, 세대 등
사회적인 핵심 카테고리와 힘이 작동하는지 읽어내려고 노력했
다. 이렇게 지난 1년간 미국과 유럽에서 집중적으로 이루어진 조
사를 기반으로 이 책은 쓰였다. 이 작업이 BTS 현상에 대한 충실
한 기술인 동시에 연구로서 다음과 같은 역할을 하기를 기대한다.

우선 대중음악도 진지한 연구의 주제가 될 수 있음을 대중적으
로 보여줄 수 있기를 기대한다. 물론 이 책이 대중문화를 다룬 기
존 책들보다 더 큰 역할을 할 거라는 단순한 의미는 아니다. 고맙
게도 BTS가 이루어낸 성과 덕분에 많은 사람들이 대중문화의 힘
에 관심을 갖게 되었고, 주변 국가인 한국에서 그런 문화적 성과가
탄생한 이유에 대해 궁금해하기 시작했기 때문에 이 책에 좀 더 기
대를 걸어보게 되었다는 말이다. 그리고 이 책의 차례가 말해주듯,
대중문화는 인종 · 젠더 · 계급 · 세대의 희망과 절망, 사랑과 연대
는 물론, 개인과 집단의 과거와 미래의 추억과 기획이 만나는 곳
이다. 이런 대중문화의 힘으로부터 자유로운 개인은 없다. 중장년

세대는 그들이 청년 시절에 품었던 꿈, 좌절, 사랑, 미래에 대한 기억이 비틀스나 퀸과 연결되어 있음을 부인할 수 없을 것이다. 바로 그것처럼, 아니 오히려 그보다 더욱 강하게, 현재 전 세계 청춘들이 미래에 품을 추억은 BTS가 부른 현재의 노래들과 그들이 팬과 공유한 경험에 연계될 것이다.

세계화와 디지털 문화 시대의 BTS

나는 이 책이 2013년에 출판한 《세계화와 디지털 문화 시대의 한류》의 후속 작업으로서 읽히기를 기대한다. 나는 2000년부터 프랑스 보르도대학에서 근무하다 2013년에 서울대학교로 이직했는데, 2012년 가을에서 겨울 사이, 싸이의 〈강남스타일〉이 연일 기존 유튜브 조회수 기록을 갱신하는 동안 그간의 연구 조사 내용을 토대로 《세계화와 디지털 문화 시대의 한류》를 집필했었다. 《세계화와 디지털 문화 시대의 한류》는 동아시아에서 폭발적인 담론을 불러일으킨 한류현상이 동아시아 외부에서 어떻게 유통되고 있으며, 어떤 문화적 다이내믹스를 형성하고 있는지 다년간 온라인 참여 관찰 중심으로 연구한 결과물이다. 이 책의 마지막 장이 "케이팝의 가능성과 한계"였고, 《BTS 길 위에서》는 내가 전작의 마지막 장에서 던진 문제의식에서 출발하여 BTS를 연구한 것이다.

그 책의 마지막 장에서 나는 "케이팝의 정치적인 문제없음의 정치성"을 지적했었고, 세계 속에서 한류가 더욱 발전하고 지속되기 위해서는 한류 콘텐츠의 내용을 다양하고 "문제적으로" 만드는 것이 시급하다고 주장했었다. 또한 바이러스식으로 전파되는 유튜브 메커니즘에 힘입어 세계적인 히트곡을 만들어낸 싸이의 행운은 거대하고 조직적 팬덤을 지녔으나 동아시아 외부 시장으로의 진출에 실패한 동방신기와 소녀시대 팬들에겐 허탈한 일이었다. 조직적인 홍보로 역부족이었던 일이 하루아침에 노력없이 이루어졌으니 말이다. 그런데 바로 이런 한계를 창의적으로 극복한 그룹이 나타난 것이다!● 사회와 개인의 문제를 지적하고 해결하려는 메시지를 담은 음악으로 전 세계에 강력하고 조직화된 팬덤을 만들어낸 BTS가 바로 내 앞에 연구 문제로서 던져졌다.

BTS의 등장은 마음만 먹고 있었던, 《세계화와 디지털 문화 시대의 한류》가 열어둔 질문에 답하는 저술을 해야겠다는 결심을 굳히게 만들었다. 나는 케이팝의 몇몇 곡과 그룹을 좋아하지만 이건 50대인 내 세대의 음악이 아니기에 가슴보다는 머리로 듣는 음악이다. 연구자로서 나의 객관적인 조건은 이 연구 대상 앞에서 장단점을 지닌다. BTS와 케이팝의 핵심 팬들과 30년, 즉 한 세대의 거리를 둔 기성세대로서 이 음악을 통해 분출되는 청년 세대의 정서를 제대로 이해해낼 수 있을까?

● BTS는 공교롭게도 내가 오랜 프랑스 생활을 접고 서울 생활을 시작한 2013년 6월에 데뷔했다.

연구자와 연구 대상이 속한 세대가 다르다는 것은 케이팝과 BTS처럼 특정 세대가 주로 즐기는 문화를 바깥의 기준을 통해 볼 수 있게 해준다는 장점이 있다. 또한 젊은 학생들에 둘러싸인 교수라는 나의 일상은 끊임없는 그들과의 대화를 통해 세대 간의 갭을 메워갈 수 있게 해준다. 게다가 BTS의 음악은 다른 케이팝 음악과는 달리 두터운 콘텐츠의 층을 이루고, 장기적으로 진행되는 서사를 지니고 있어서 BTS 텍스트는 파고들수록 큰 매력으로 다가왔다. 대중매체가 강조하듯, BTS는 열정적인 젊은 여성만이 아니라 남성이나 중장년 팬도 많다는 것이 콘서트 현장을 관찰한 결과 드러났다. 중장년 팬들의 증언은 BTS의 음악이 세대를 넘어서는 힘을 지니고 있음을 확인해주었다. 세계적으로 세대 갈등이 심화되는 현재, 중장년 팬들은 BTS를 통해 청년 세대와 기성세대 사이의 간극을 줄여갈 수 있지 않을까? BTS에 대한 청년 세대의 열광을 파헤침으로써 이 세대의 꿈과 좌절, 감수성과 정서에 대해 좀 더 깊게 알게 된다면, 그리고 이것을 기성세대도 이해할 수 있는 언어로 설명해낸다면 문화 연구자로서 큰 보람을 느낄 것이다.

이 책을 쓰기 전에 가장 크게 고민한 것은 어떤 독자를 염두에 둘 것인가였다. 먼저 BTS에 대해 여러 차례 신문에 칼럼을 기고하고 여러 곳에 연구 사실을 공표해두었기에, 교수의 학술 연구 서적을 기다리는 대학가의 독자들이 있을 것이다. 이들은 대학의 강의실에서 읽힐 만한 책을 기대할 것이고, 문화 현상을 설명하는 기존의 이론들이 어떻게 현상 분석과 이해에 동원되는지를 눈여

겨볼 것이다. 그리고 무엇보다 이 책이 케이팝과 한국 대중문화 또는 한류에 대한 기존 지식을 어떻게 발전시키고 어떤 새로운 이해를 가져왔는지를 평가하는 눈으로 바라볼 것이다.

두 번째는 BTS가 주제인 모든 저작에 관심을 기울일 국내외 팬들이다. 팬들은 BTS가 왜 훌륭하고 감동적인지, 어떻게 성공했는지에 대해 나름의 개인적 경험에 기초해 이해하고 있다. 그들은 오랜 시간 집중적이고 열렬하게 BTS의 세계를 탐닉하고 팬 공동체 내에서 지식을 누적했기 때문에 이 책에서 자신이 아직 모르는 BTS에 대한 새로운 내용을 찾기보다는 이 책이 혹시 잘못된 해석을 유통시킨다거나 BTS의 가치를 저해할 만한 내용을 담고 있지는 않은지 유심히 살펴볼 것이다. 팬으로서 각자가 지녀온 열정의 궤적과 강렬한 감동이 제3자에 의해 객관적인 언어로 표현되는 데서 시원함과 만족감을 느낄 수도 있지만, 팬으로서의 전문성에 비추어 이 책에서 부족함을 느낄지도 모른다. 팬 커뮤니티는 BTS의 모든 텍스트에 대한 비평적 지식을 가장 많이 누적해왔기 때문에 웬만한 전문가나 중재자들의 분석과 설명이 마음에 차지 않거나, 경우에 따라서는 틀렸다고 생각할 가능성도 크다.

세 번째는 학교와 팬덤 외부에 있는, 내가 강연 중에 만나는 일반인들, 어디에선가 나의 칼럼을 읽었을 독자, BTS의 음악을 듣고 잘한다고 생각하면서도 수많은 케이팝 그룹 가운데 하나인 이들에 대해 외국 팬들, 특히 글로벌 팝음악의 중심인 미국인들과 미국 미디어가 이토록 환호하는 것을 이해하지 못하는 절대 다수의 독자들이다. 이들은 문화 현상 일반에 호기심이 많고 세상에서 벌어지는 일들이 이해할 수 없는 상태로 남아 있는 것을 불편해하는 탐구적인 시민일 것이다.

이렇게 세 가지 카테고리의 독자 중에 이 책은 세 번째를 우선적으로 겨냥했다. 따라서 학술적 레퍼런스와 이론적 개념들이 한마디로 상황을 정리해주고 인사이트를 주며, 인용하기에 좋은 학술적 글쓰기를 기대한 독자들에게는 이 책이 지나치게 서정적이고 희석된 텍스트로 보일 수도 있다. 그러나 이 책이 개념과 이론을 동원하지 않는다고 해서 비학술적인 내용을 설파하고 있는 것은 아니다. 이 책은 BTS 현상을 구성하는 중요한 차원들과 이슈들을 모두 다루고 있으며, 어려운 개념에 지나치게 기대지 않고도 그 이슈들이 지금 여기에서 어떻게, 왜 중요해졌는지를 설명할 것이다. 따라서 이 책은 세계화와 디지털의 시대에 초국가적인 문화 향유를 다루는 대학 강의에서 사례연구로서 충분히 제 역할을 할 수 있을 것이다. 독자들은 이 책에서 자랑스러운 일곱 청년이 걸어온 발자취가 그들의 음악적 성취를 넘어, 어떤 세대적 열망을 표현하고 있는지, 그들에게 쏟아지는 사랑이 어떤 정서에서 나오는지, BTS와 팬덤 아미의 연대가 세계 속에서 어떤 의미를 생산하는지에 대해 거리를 둔 객관적 해설을 만날 수 있을 것이다.

BTS가 걸어가는 길 위에서

《BTS 길 위에서》는 여러 의미에서 길 위에서 쓰였다. 유럽과 동아시아를 오가며 세계 속의 한류에 대해 연구해온 나의 연구 여정에서 BTS는 여러 문제의 정답으로 섬광처럼 등장했다. 나는 그들이 그룹으로 성장하는 과정을 관찰하고 동반하면서 그들 또한 스스로 여정을 개척하며 현재를 만들어왔음을 알게 되었다.

인간의 경험과 역사는 서사로 이루어졌고, 영웅은 길 위에서 만들어진다. 모든 서사는 주인공이 무언가를 찾기 위해 집을 떠나는 것으로부터 시작된다. 성배를 찾는 기사의 이야기나 지구를 구하는 미국 대중문화의 영웅 스토리는 주인공이 추구하는 목표가 이미 알려져 있지만, 일상의 삶을 다루는 많은 작은 이야기들은 주인공의 본래 목표가 불분명하다. 오히려 삶에 목표를 제공하고 궁극적인 의미를 생산하는 것은 주인공이 여정에서 만나게 되는 사람들, 겪게 되는 사건들이다. 실제 인생이라는 길을 가는 대부분의 주인공들은 길이 어디로 이어지는지, 어떤 일들이 기다리는지 방향과 목표를 알지 못한다. 오히려 길 위에서 하는 일들과 주변인들과의 관계 속에서 스스로를 만들어가며 방향과 목표를 알게 된다고 말하는 편이 옳을 것이다.

배고픈 사람에게 자신의 몸을 뜯어먹게 하는 감동적인 영웅 '앙팡만'•의 메시지로 팬들에게 소통하기까지, BTS는 온라인과 오프라인, 디지털과 아날로그의 세계에서 먼 길을 걸어왔다. 케이콘이 열리는 LA 거리에서 콘서트 홍보지를 돌리고 〈아메리칸 허슬 라이프〉••를 배웠으며, 점점 더 많은 관객을 만나러 지구를 여러 번 도는 투어를 해냈다. 무엇보다 그들은 아무도 다른 방향을 택하지 않고 함께 길을 걸으며 조화로운 하나의 그룹을 이루는 데 성공했다. 그들의 관계는 갈수록 돈독해지고 서로가 좋은 영향을 미치며 배워가는 방향으로 발전해갔다. 여전히 그들은 이 여정의 의미에 대해 고민하는 듯하지만, 그래도 자신들이 길 위에서 성장했고 어디로 나아가는지는 확신하게 된 듯하다. 《WINGS》 앨범의 대대적인 성공으로 날개를 달게 된 BTS는 이제 그들이 걷고 있는 길의 신화성을 인식하고 있다. "이카루스의 날개를 달고" 태양으로도 바다로도 너무 가까이 다가가면 안 되는 비행을 해야 하는 BTS,••• 또는 자기 안에 있는 원형적인 인격(persona)

• 〈FAKE LOVE〉가 들어 있는 BTS의 정규 3집 《LOVE YOURSELF 轉 'Tear'》(2018)의 아홉 번째 트랙 〈Anpanman〉은 초능력이 없는 미약한 영웅 '호빵맨'의 일본어 발음을 알파벳으로 표기한 것이다. 호빵맨은 1988년부터 일본 NTV에서 방송되고 있는 애니메이션의 주인공으로, 배고픈 사람들에게 자신의 얼굴을 뜯어서 먹이는 소시민적 영웅이다. BTS는 팬들에게 위로를 주는 자신들의 역할을 호빵맨에 빗대었다. 팬들에게 위안과 즐거움을 주는 것이 자신들의 역할임을 역설한 〈낙원〉과 〈Magic Shop〉 등이 포함된 이 앨범의 핵심적인 메시지가 〈Anpanman〉에 담겨 있다.

•• 2014년 7월 24일부터 9월 11일까지 Mnet에서 방송된 리얼리티 프로그램으로, BTS가 미국에서 힙합을 배우는 여정을 보여준다.

••• 2019년 4월에 발매된 앨범 《MAP OF THE SOUL : PERSONA》의 타이틀 곡인 〈작은 것들을 위한 시(Boy With Luv)〉의 가사 중 일부다. 특히 "니가 준 이카루스의 날개로/태양이 아닌 너에게로"라는 가사는 날개의 밀랍을 녹일 수 있는

을 탐구하는 예술에 취한 "디오니소스"●●●● 로서 영웅과 신화의 세계 속에서 스스로를 재현하는 BTS.

BTS라는 주인공은 영웅적이지만, 이 책은 주인공이 지금까지 이룬 업적을 찬양하고 그들의 매력을 기술하는 데만 머물지 않을 것이다. 그들의 놀라운 성과가 어떻게 가능했는지를 파헤치면서 성공의 맥락과 난관의 극복, 힘겹게 가는 그 길의 방향, 우리가 그 방향에 대해 부여할 수 있는 의미에 대해 이야기할 것이다. 일곱 청년은 각자 집을 떠나 BTS의 일부가 되었다. 그리고 청춘에 대한 편견과 싸우기 위해 길을 걷기 시작했고, 이제 서구 언론들이 비틀스에 비교할 만큼 영향력 있는 그룹이 되었다. 그들은 이제 BTS(Beyond The Scene)로 불리기를 원하지만, 그들이 걸어가는 세계 속의 길은 인종적, 젠더적 편견이라는 언덕과 수렁이 도처에 숨어 있는 곳이다. BTS는 이런 편견들뿐만 아니라 때로는 국제 관계와 정치적 편견들과도 싸워야 할 터이지만, 팬들은 요정처럼 곳곳에서 그들을 도와주고 영감을 줄 것이다. 독자들은 이 책에서 그러한 과거와 미래의 투쟁이 벌어질 공간의 지형도를 만나

태양과 날개를 적실 수 있는 바다 사이를 위태롭게 나는 그리스 신화의 이카루스에 BTS의 운명을 직접적으로 비유하고 있다. 앨범의 이름이 'WINGS'인 데다 이 앨범의 히트 곡인 〈피 땀 눈물〉의 뮤직비디오에서 뷔가 발코니에서 뛰어내리는 장면의 배경이 피터르 브뤼헐(Pieter Brueghel)의 〈이카로스의 추락이 있는 풍경〉(1558)이라는 점도 의미심장하다.

●●●● 《MAP OF THE SOUL: PERSONA》에 〈Dionysus〉란 곡이 실렸고, BTS는 스스로를 디오니소스처럼 예술에 취해 사는 존재로 표현한다.

볼 수 있을 것이다.

이 책은 나의 개인적 경험을 기초로 하지만 현장의 모습, 팬들의 증언, 개인적 일화, BTS 멤버들의 말과 노래 가사, 그리고 BTS 텍스트의 여러 에피소드를 인용할 것이다. 내용은 학구적이지만 글쓰기는 자유롭게, 피겨스케이팅 선수가 쇼트 프로그램이 아닌 프리 스케이팅을 연기하는 것처럼, 아름다운 일곱 젊은이들의 여정을 짧게나마 동반하고 관찰한 자로서 이 책이 최대한 잘 읽히고 전달되기를 바란다.

아무도 가지 않았던 여정을 함께하며

이 책은 다음과 같이 구성되었다. 1장은 BTS가 태동한 무대인 동아시아의 미디어 문화 속에서 어떻게 한국 엔터테인먼트 산업과 케이팝이 탄생했는지, 그리고 케이팝의 환경 속에서 어떻게 BTS가 잉태되었는지를 설명한다. 세계 어느 곳에서도 볼 수 없는, 동아시아 대중문화에서 탄생한 아이돌이라는 연예 노동자, 그리고 BTS를 배출한 동시에 BTS가 극복해야 했던 케이팝의 문화 산업적 조건들을 다룬다. BTS가 케이팝에 빚진 것과 케이팝을 극복한 부분, 그리하여 케이팝에 새롭게 열어준 가능성을 다룰 것이다.

2장은 BTS 정체성의 핵심이라고도 볼 수 있는, BTS 텍스트가 작동하는 방식인 BTS 트랜스미디어를 다룬다. BTS 텍스트에는

BTS 입문자라면 누구나 "이게 뭐지?" 하게 만드는, 뮤직비디오를 통해 만날 수 있는 이들만의 길고 넓은 이야기가 있고, 여기에 BTS 멤버와 자연인으로서 각 멤버의 정체성과 스토리가 더해진다. 이 장은 세 겹의 스토리가 팬들의 독해 경험을 통해 상호적으로 작동하는 방식에 대한 분석적인 설명이다.

3장은 전 세계 청년들이 왜 BTS에게 열렬히 반응하는지, BTS 현상이 지닌 세대적 의미에 대해 설명한다. 신자유주의 체제하의 경쟁과 불확실한 미래의 전망 속에서 청년 세대가 겪는 불안과 절망을 "흙수저" 그룹으로 출발한 BTS가 어떻게 소화해서 메시지화하는지를 분석할 것이다. 계급론과 세대론의 균형 속에서, BTS의 음악과 삶이 어떤 의미로 세계 청년들에게 전달되고 해석·수용되었는지, 이러한 수용 현상의 의미를 알아볼 것이다.

4장은 BTS의 오늘이 있기까지 핵심적인 역할을 한 아미에 대해서, 이들을 다른 팬덤과 구분하는 특성은 무엇인지, 어떻게 BTS의 파트너로서 오늘의 성공을 이루었고 내일을 기약하는지를 다룬다. 공연 현장에서 만난 팬들과의 심층 인터뷰를 통해 얻은 BTS 팬으로서의 정체성과 경험에 대한 사회학적 기술이 펼쳐진다.

5장은 BTS가 동아시아인으로서 그리고 한국인으로서 어떻게 백인이 지배하는 세계의 인종적 상상력을 바꾸고 있는가에 대한 분석이다. 그들은 어떻게 역사상 처음으로 한국인과 동아시아인을 매혹의 대상으로 만들었고, 인종과 젠더 차원의 여러 편견에 맞서며 세계 속으로 걸어가고 있을까? 이 장에서는 BTS의 지역성이 세계성과 어떻게 조우하는지, 이 여정을 동반하는 수많은 세계의 팬들이 BTS를 통해 어떻게 인종적 상상력을 키워나가는지를 분석할 것이다.

6장은 5장과 뗄 수 없이 이어지는, BTS가 불러일으키는 새로운 남성성과 새로운 젠더 감수성에 대한 논의다. 한류와 케이팝 스타들, 거기에 BTS가 가세해서 만들어가는 새로운 남성성은 전 세계 청년 세대에게 큰 해방감을 주고 있다. 이 장은 세계의 젊은이들이 동아시아 연예 문화 속에서 구현된 이러한 남성성을 재전유함으로써 인종과 젠더가 교차하는 새로운 정체성과 감수성을 경험하고 있음을 논할 것이다.

BTS는 세계 속으로, 아무도 가지 않았던 길을 가고 있다. 이들의 이름은 방탄소년단에서 BTS로 바뀌었으나 여전히 국내에서 길을 떠날 때 입었던 방탄의 정체성을 입고 있다. 일곱 청년이 즐겁고 끈끈하게 연대하여 만든 그룹이라는 방패로, 세계 속 인종과 젠더의 편견을 극복하고 "기선을 제압"하려고 앞을 향해 뚜벅뚜벅 걸어가고 있다.

1장

BTS,
케이팝을 넘어서

: 케이팝 산업의 변방에서 세계 대중문화의 중심으로

2011년 6월 중순, 파리 북쪽의 중형 공연장 베르시에서 열린 SM 콘서트는 한국의 대중음악인 케이팝이 동아시아를 넘어서 세계 음악으로서 미래가 밝다는 것을 확인한 사례였다. 이틀간 1만 4000명의 관객이 모였다. 나는 당시 보르도대학 교수로서 2년 전부터 한국 드라마가 동아시아를 벗어나 세계 속에서 수용되는 환경과 과정을 연구하고 있었다. SM이 회사의 최고 아이돌 스타들을 데려와 파리에서 공연한다는 소식은 내가 관찰하던 프랑스어권 한국 드라마 팬들과 Allkpops 같은 전 세계 한류 팬들의 플랫폼에서 엄청난 뉴스가 되었다.

콘서트 티켓은 온라인에서 순식간에 매진되었고 상상을 넘어서는 고가의 암표가 거래되었다. 공연장은 프랑스 팬들보다 유럽 전역에서 찾아온 팬들로 가득했다. 특이하게도 그들은 자국의 국기를 공연장에서 흔들었다. 이런 분위기에 감격하여 공연의 피날레에는 슈퍼주니어의 시원이 유럽 연합기를 들고 나와 무대에서 흔들었다. 한국 아이돌 그룹의 공연을 많이 관람해본 문화부 기자에 따르면, 소녀시대, 동방신기, 샤이니, 슈퍼주니어 등 한국 대중음악 산업의 최대 회사에 소속된 엘리트 스타들이 총동원되어 펼친 이 공연은 최고 수준이었다.

어린 자녀들을 혼자 보낼 수가 없어서 파리까지 따라온 유럽의 중산층 부모들과 신속히 티켓을 구입할 수 있었던 10대와 20대 초반의 청소년들이 어우러진 공연장의 관객은 파리의 일반 거주자들보다 훨씬 백인 중심으로 보였다. 한국 매체들은 이를 근거로 케이팝이 유럽의 다문화 유색 청소년들에게나 인기 있는 주변부 문화가 아니라고 해석하면서 국내의 자축 분위기는 더욱 고조되었다.

슈퍼주니어 멤버 13명의 이름과 당시 신인이었던 에프엑스 멤버들의 이름을 한 명씩 외치고, 중성적 매력의 엠버가 소개될 때 남다른 함성이 튀어나올 정도로 파리 케이팝 팬들의 분위기는 고조되어 있었다. 돌이켜보면, 당시의 열기를 7년 후에 이 도시의 아레나를 채우고 다시 1년 후에 두 번이나 스타디움을 채울 BTS 공연의 전조라고 이해할 수 있을까. 꼭 그렇지 않다면 2011년의 청중과 2018년 및 2019년의 청중은 어떤 관계가 있는 것일까.

당시 프랑스 언론은 이 공연을 중요한 사건으로 보지 않았기에 프레스석은 인터넷 언론들로 채워졌다. 이에 반해 한국 언론들은 유럽을 강타하는 케이팝에 대해 경쟁적으로 보도했다. 이수만 SM 대표는 그를 기립 박수로 맞이하는 젊은 유럽의 작곡가들과 인터넷 언론들이 모인 프레스 콘퍼런스에서 SM의 "문화기술"●을 소개하며, "다음엔 화성에서 만나자"고 했다. SM의 주도 아래 케이팝이 지구를 정복한 뒤에 화성에서 만나자는 강력한 자신감의 표현이었다.

8년이 흐른 지금, 이수만 대표의 바람은 부분적으로 실현되었다. 케이팝은 지구인이 널리 듣는 음악이 되었다. 하지만 다시 유럽을 찾은 그룹은 SM이 갈고닦은 문화기술로 기획했던(아마도 당시 이수만 대표의 머릿속에는 우주에서 온 EXO 멤버들의 스토리가 전개되고 있었을지도 모르겠다) EXO가 아니라 케이팝 산업의 변방에서 힘들게 자생한 BTS였다. 전자가 90년대 중반부터 발전해온 기획사와 아이돌 시스템의 정수라면, 후자는 아이돌 문화에 직접 작곡하고 작사하는 힙합 문화를 접합한 케이팝의 변종이었다.

● SM의 이수만 프로듀서에 따르면, 문화기술(culture technology)은 캐스팅→트레이닝→프로듀싱→매니지먼트(마케팅)의 과정을 통해 아티스트, 즉 아이돌을 생산해내는 SM이 20여 년간 발전시켜온 네 가지 핵심 기술을 말한다. 그중에서도 홀로그램, 버츄얼 영상, 모바일 테크놀로지 등 첨단 기술이 활용되는 프로듀싱이 SM이 자랑하는 특성이고, 이러한 발전 전략 안에서 EXO를 이은 SM의 새로운 그룹 NCT(New Culture Technology)가 데뷔했다.

글로벌 문화 유통의 새로운 질서

우리는 세계의 대중문화를 말할 때, 종종 미국의 문화 산업이 생산한 영상물과 음악만을 지칭하고, 한·중·일로 구성된 협의의 동아시아 시장은 물론, 22억의 인구로 구성된 동남아를 포함한 광의의 동아시아 시장과 이 시장을 위해 문화 콘텐츠를 생산하는 동아시아 대중문화 산업은 빼놓고 말하는 경향이 있다. 때문에 문화 산업과 관련해 유통되는 대부분의 지식은 미국과 유럽 국가들의 사례에서 만들어졌고, 거대한 동아시아 시장의 문화 산업적인 특성은 문화 산업의 일반 이론을 생산하는 사례로서 대접받지 못했다.

미국은 유럽을 비롯해 전 세계의 좋은 아이디어와 재능을 흡수하여 자국의 문화 산업 시장을 확대 유지하고 글로벌 트렌드를 만들어낸다. 문화 산업의 역사가 긴 유럽의 몇몇 국가들은 문화 산업의 독자성을 유지하고 있지만, 그 영향력은 멀리 미치지 못한다. 2020년 5월 기준 유튜브에서 67억 뷰를 넘은 〈Despacito〉 같은 라틴 팝이 세계를 강타하더라도 그것은 미국에서 얻은 명성을 바탕으로 하는 경우가 대부분이다. 싸이의 〈강남스타일〉과 같이 동시다발적으로 확산된 순수한 바이러스형의 예외적 성공을 제외한다면, 세계 대중문화 신(scene)에서 미국은 문화 콘텐츠의 지배적인 생산방식뿐만 아니라 명성과 트렌드를 만들어내는 핵심이다.

그런데 디지털 문화는 이러한 서구 중심의 대중문화 생산과 유통에 새로운 질서가 가능한 조건을 만들어주었다. 디지털 기술은 영상의 생산과 유통을 제작자들이 독점하는 전통적인 방식에서 벗어나 사용자들도 영상의 생산과 유통에 참여할 수 있도록 민주화시켰다. 소비자가 스스로 2차 콘텐츠를 생산하는 제작자 역할도 하는 프로슈머(prosumer)로서의 변신이 가능해진 것이다. 또한 고속 인터넷의 발전으로 제도권을 통하지 않고도 전 지구적인 문화콘텐츠 유통이 대량으로 가능해졌다. 저작권자의 권리 주장이 어렵거나 불가능한 상황 속에서 저작물의 공식적인 배급자 없이 수용자가 원하는 프로그램을 무료로 접할 수 있는 글로벌 팬 문화의 기초가 만들어진 것이다.

특히 유튜브와 트위터 등 소셜네트워크는 제도권 미디어 종사자들이 인지하는 것보다 훨씬 빠른 속도로 언어와 문화의 장벽을 넘어 전 세계의 흥미로운 문화물들을 이곳에서 저곳으로 빠르게 유통되도록 이동성을 높였다. 팬들은 자발적으로 인터넷 공간에 자기가 좋아하는 프로그램이나 아티스트의 영상을 업로드하여 많은 사람에게 알리며 취향 공유 집단을 늘리기 위해 노력했다. 그 결과 잠재적으로 또는 명백하게 호응하는 사람이 있는 영상이 업로드되고 있다. 자신이 직접 녹화한 공연 장면들과 2차 영상물 그리고 다양한 코멘트들도 빠르게 소셜네트워크를 통해 공유되고 있다.

이 과정에서 언어의 장벽을 넘기 위해 다양한 자막 작업이 개인적으로 또는 집단적으로 이루어졌다. 자국 텔레비전 방송국이 인기 있는 미국 드라마의 방송권을 구입해 방송해주기를 기다리는 대신 개인이 자국어 자막을 달아 공유한다. 일찍이 전 세계 만화 팬들은 자국 출판사가 일본 만화 속편의 출판권을 구입해 말풍선 의 내용을 번역하고 자국 출판 시장에서 판매해주기를 기다리는 대신 일본 안팎의 팬들과 협업하여 각각의 페이지를 스캔하고 말 풍선의 내용을 번역하고 결과물을 나누는 스캔레이션(scanlation) 을 해왔다. 한류 콘텐츠 또한 이러한 디지털 기술이 구축한 전 지 구적인 콘텐츠 유통 환경 속에서 동아시아 문화물을 쫓는 호기심 많은 다문화 수용자들에 의해 먼저 세계 속으로 유통되기 시작했 다.●

케이팝과 BTS의 경우도 드라마의 경우와 비슷하게, 전 지구적 인 팬덤 하부구조에 의해 노래 가사가 번역되고 관련 영상에 자막 이 달렸다. 그런데 케이팝과 BTS의 경우, 너무 많은 콘텐츠가 매 일 쏟아져 나오기 때문에 특정 날짜에 일정량이 방송되는 드라마 처럼 팬덤이 조직적으로 체계적인 번역을 하기가 어렵다. 사랑하 는 스타들이 보내는 일상적 커뮤니케이션의 내용을 직접 이해하 고 싶다는 간절함은 케이팝과 BTS 팬덤에서 한국어를 배우려는 욕망이 큰 이유 중에 하나이기도 하다.

2020년 5월 기준, 전 세계적으로 한국어를 배우는 대학 내외의 인구는 크게 늘었지만, 동아시아 외부로 한류가 확산되던 초기에

● 전 지구적 팬덤의 하부구조에 대해서는 나의 전작《세계화와 디지털 문화 시대의 한류》에 상세히 설명되어 있다.

는 한국어를 빨리 쉽게 배울 방법이 많지 않았다. 때문에 자막이 달린 한국 예능 프로그램들이 한국어 자막 밑에 영어 번역 자막을 단 채로 유통되었고, 많은 초기 한류 팬들이 예능 프로그램을 통해 한국어를 익혀야 했다. 지금은 한국어를 습득한 초기 팬들이 SNS에서 대규모 팔로어를 거느리게 되면서, 이들이 팬들의 번역 요청을 직접 들어주는 형식으로 수많은 일상적 영상의 번역이 이루어지고 있다.

케이팝과 BTS의 세계화에서 SNS가 중요한 역할을 했다는 의미는, 대부분의 평론가들이 주장하듯, 한국의 연예 산업이 케이팝 뮤직비디오를 유튜브에 올린다거나 BTS가 자주 VLIVE를 한다는 의미만이 아니다. 무엇보다 중요한 것은 팬들이 적절한 한류 콘텐츠 수용을 위해 적극적으로 SNS를 사용한다는 사실이다.

텀블러에서 팔로어 30만을 거느린 21세의 하와이 거주 동아시아계 미국인 카일리(Kylie)는 한국에 여행 와서 산을 오르던 중에 자신을 팔로하는 BTS 팬들로부터 BTS 관련 내용을 한국어로 번역해달라는 요청을 받고는 즉시 응했던 적이 있다고 한다. 한국의 고즈넉한 산 위에서 갖는 특별한 순간까지 포기하고 자신에게 번역을 의지하는 BTS 팬들의 욕망에 응한 것이다. 카일리는 개인의 즐거움을 포기하고 대가 없이 팬들의 요구에 응하는 자신의 극단적인 의욕에 대해 "사람들이 잘못된 정보를 접하는 것이, (그래서 BTS가 상처를 입는 것이) 싫었어요. 이렇게 돕는 것이 내 의무처럼 생각돼요. 특히 (BTS 멤버의) 생일에는요, 미쳤죠"라고 설명했다.

한국과 일본의 아이돌 시스템과 BTS

　동아시아의 문화 산물이 네트워크로 연결된 팬들의 중개를 통해 세계 속으로 유통되기에 앞서, 그 문화물은 동아시아의 국경을 넘는 여러 영향력 관계 속에서 생산되었다. 동아시아 문화 산업, 특히 케이팝과 BTS가 만들어진 직접적 환경인 엔터테인먼트 산업에는 북미나 유럽에서 찾아볼 수 없는 여러 가지 특징이 있다.

　현재 세계적으로 소통되는 케이팝의 형성에 직접적인 영향을 미친 것은 일본의 아이돌 시스템이다. 일본의 쟈니스 엔터테인먼트는 60년대 말부터 청소년 연습생을 교육해 엔터테이너로 육성하는 시스템을 개발하여 아이돌이라는, 서구에는 없는 연예 노동자를 만들어냈다. 90년대 한국은 이 시스템을 들여와 일본의 아이돌보다 훨씬 강한 트레이닝을 통해 더욱 기술적으로 완성된 엔터테이너들을 만들었다. 음악·댄스·외국어 능력에 미디어 접촉 기술까지 교육받은 한국의 남녀 아이돌 그룹들은 이웃집 청소년 같은 일본 아이돌에 비해 춤과 노래, 신체적 조건에서 월등히 우수한 퍼포먼스를 보여주고 있다.

　일본이 기원인 아이돌 시스템은 일본 문화 산업 전반의 캐릭터 중심적 발전에 걸맞게, 아이돌이 문화 산업 속에서 구현할 수 있는 캐릭터적인 특성들 가운데 일부를 선택하고 조합하여 새로운 캐릭터를 구현해나가도록 매니징된다. 예를 들면, 일본의 게임 콘텐츠인 포켓몬스터는 캐릭터화된 수많은 몬스터를 토대로 게임

플레이어가 자유롭게 이야기를 만들어가며 집단적으로 놀 수 있는 카드게임, 만화, 애니메이션, 비디오게임 등으로 제작되었다. 이런 크로스미디어의 산물들은 하나하나가 개별적인 문화 소비가 아니라 전체가 하나의 정체성을 지닌 이야기로 일상에 침투하여 소비되기 때문에 미디어믹스라고도 불린다.

매체의 내용과 인터페이스가 일상으로 침투하는 이 능력은 한국 드라마와 케이팝에서 여러 가지 변종을 낳았다. 한국 드라마의 OST에는 드라마 주인공들의 감정을 담은 멜로디가 반복된다. 시청자는 그 OST를 드라마 밖의 일상에서도 들으며, 드라마의 극적 순간이 지니는 정서와 에너지를 일상 속에서 다시 경험한다. 케이팝 아이돌들은 SNS 소통을 통해 팬들의 일상으로 침투하거나 아예 드라마에 출연해 일상 속에서 픽션의 경험을 가능케 하는 캐릭터 역할을 하기도 한다. BTS는 복합 산업으로서 엔터테인먼트의 미디어믹스적 가능성을 최대한 활용해왔다.

아이돌 그룹에서 모두가 정해진 캐릭터를 담당해야 하는 상황에서 그리 좋을 수만은 없는 정보임에도 불구하고 BTS 멤버들은 데뷔 초부터 각자의 고향과 개인적 정보를 숨기지 않았고, 합숙 생활의 일상을 소셜네트워크에 그대로 드러냈다. 지금도 BTS를 주인공으로 하는 여러 가지 자체 제작 프로그램들(〈BANGTAN BOMB(방탄밤)〉, 〈BTS BON VOYAGE(BTS 본보야지)〉● 등)이 그들의 일

● 빅히트가 제작하는 BTS의 여행 이야기 프로그램이다.

상을 콘텐츠로 만들고, 2015년부터 시작한 VLIVE는 팬들과 일상적 친밀함을 나누는 중요한 인터페이스가 되었다.

2019년에 출시된 'BTS World'는 플레이어가 BTS 멤버들의 연습생 시절로 돌아가 각 멤버의 매니저로서 그들과의 친밀한 일대일 커뮤니케이션 속에서 그들을 데뷔시키는 게임이다. 이 게임은 세로 화면으로 제작되었던 획기적인 스마트폰용 픽션인 〈내 손안의 남자친구〉의 인터페이스와 BTS의 팬 세대에게 익숙한 일본산 성장 게임의 내러티브 구조를 결합했다. 플레이어가 매니저로서 여러 퀘스트를 통해 게임의 단계를 높이는 일반적 게임 인터페이스에 미디어믹스적 일상성과 친밀함을 더한 것이다. 비록 게임으로 프로그램된 반응이지만 자기가 좋아하는 아이돌 그룹 멤버와 대화를 나누고 일상 속에서 소통한다는 것은 캐릭터 산업이 이룰 수 있는 최대치라고 하겠다.

그러면 다른 곳에는 없고 동아시아 문화 산업에만 있다는 아이돌은 어떤 엔터테이너인가? 서구 대중문화는 영화 산업 초기에 탄생한 스타들에 이어 1990년대 이후 리얼리티 프로그램을 통해 미디어 셀러브리티(celebrity)라는 새로운 범주를 만들어냈다. 동아시아의 아이돌은 미디어 셀러브리티의 측면을 지니고 연예기획사에 소속된 탤런트로 교육되며 그중 일부는 스타로 발전할 가능성을 지닌다. 미디어 셀러브리티란 미디어에 등장했다는 이유로 저명성을 획득하고 미디어 공간에서 그 명성을 강화하거나 유명인으로서 캐릭터가 생산된 사람들을 의미한다. 일부 대중문화 출연자는 어떤 특별한 재능 없이 미디어에 자주 등장한다는 이유만으로 유명해지고, 마찬가지로 의사, 변호사, 교수 등 전문가들도 다른 동종의 전문가들에 비해 미디어에 자주 소환되었다는 이유만으로 유명인이 되기도 한다.

한국 연예 산업은 이 원리를 매우 잘 활용해서 아이돌들을 대중 매체 공간에 최적화된 상태로 훈련시킨다. 몇몇 아이돌 그룹은 빅뱅처럼 아예 텔레비전 프로그램 속에서 그룹으로 형성되거나, 〈프로듀스 101〉처럼 방송 프로그램으로 공개되는 경쟁을 통해 셀러브리티로서의 아이돌로 탄생한다. 이들 가운데 극히 일부만 서구 대중문화의 정의에 걸맞은 스타가 된다. 그렇게 탄생한 스타는 소속사가 부여한 캐릭터를 넘어서서, 아티스트로서 자신의 특성을 자신이 연기하는 서로 다른 역할이나 캐릭터 속에 각인시키는 권능을 지닌 엔터테이너가 된다. 매릴린 먼로가 어떤 인물을 연기하든 먼로라는 스타의 이미지를 캐릭터에 어느 정도 투사하게 되는 것과 같은 이치다.

대부분 고등학교를 마치지 못한 어린 나이에 연습생으로 선발되는 아이돌 지망생들은 소속사의 교육을 제2의 학교교육처럼 받는다. 이 과정에서 그들의 외모, 다이어트, 일상, 사생활은 모두 기획과 매니징의 대상이 된다. BTS는 이런 아이돌 생산 시스템이 지배적인 케이팝 산업 현장에서 힙합 아이돌이라는 모순적 정체성을 지니고 결성되었다. 개인의 사회적 경험을 가장 치열하고 직접적으로 표현하는 대중문화 전통인 힙합을 지향하면서 그와는 반대인 시스템을 통해 아이돌 그룹으로 탄생한 것이다. 힙합은 현실의 직접 경험을 통해 생산되는 것이라서 회사의 기획 속에서 프로듀싱되는 아이돌과는 모순관계에 있다.

빅히트는 이들을 한곳에 합숙시키고 연습시키는 대신, 많은 자율성을 주었다. BTS 멤버들이 얼마나 자율성을 보장받았는지 외부의 시선으로 디테일을 알 수는 없지만 여러 증거를 통해 멤버들은 아이돌 시스템으로 관리되면서도 일상 속에서 연습, 소통, 창작의 자유를 누렸음을 알 수 있다. 지나치게 잦은 머리 염색에 대해 "머리카락 빠지면 회사에 손해배상 청구할 거야"(유튜브 영상)라며 방시혁 대표에게 직접 항의하던 슈가의 말에서 느낄 수 있듯이, BTS 멤버들은 퍼포먼스를 위해 아이돌로 교육된 반면 연습과 창작 그리고 의사표현에 있어서는 상당한 자유와 자기결정권을 보장받았던 것 같다.

케이팝이 이처럼 아이돌 시스템에 의존한다는 사실은 케이팝의 서구 진출에 큰 걸림돌이었다. 서구의 미디어들은 과중한 연습의 결과로 "로봇"처럼 춤추는 "인형 같은 청소년"인 케이팝 가수들이 결국 예술성을 지닐 수 없다는 결론을 미리 내리고 있었다. 창작은 자율성 속에서만 가능하다고 생각하기 때문에, 어떤 우수한 퍼포먼스를 봐도 그것은 우수한 '공장의 산물'이라는 전제 아래 케이팝 공연을 무시해왔다.●

그런데 케이팝에 대한 이런 서구적 시선의 장벽을 BTS가 넘어선 것이다. 아직 완전히 극복했다고 볼 수는 없지만 적어도 미국에서, 그리고 미국이 생산하는 대중문화의 신화를 인정하는 영국과 유럽 일부에서, 메시지를 담은 앨범과 노래를 생산하고 큰 스케일의 행보를 하는 극동의 청년들을 다른 시선으로 보기 시작했다. 〈IDOL〉이라는 노래에서 BTS는 '아이돌이라고 부르든 아티스트라고 부르든 상관없다'며 힙합 아이돌이라는 모순적 정체성에 대한 비판에 맞서는데, 사실 팬들은 이런 구분은 더 이상 의미가 없다고 말한다.

"아이돌이라고 부르든 말든, 그들은 힘들게 노력해서 여기에 도달했다. 아이돌처럼 트레이닝받았고, 현재 서구 아티스트가 하는 일들도 한다. 뭐라고 부르든 라벨이 중요한 것은 아니지 않은가. 그냥 BTS를 지

● 팬들은 서구 미디어를 지배하는 이러한 시선은 엘리트주의적이고 인종주의적이라고 비판한다. 대중문화 스타들의 예술가성(artistship) 논란이라니! 예술성은 개인성 속에 탑재되어 있다가 갑자기 튀어나오는 영감과 재능에 기초한다는 주장은 유럽 남성 주체의 시선에서 만들어진 서구 로맨티시즘의 산물 아닌가? 그리고 이는 대중문화까지 가지 않더라도 이미 '순수예술' 분야에서도 깨진 신화가 아니던가? 르네상스기 천재들의 작품도 개인의 것이 아니었듯, 우리 시대의 예술가들도 메세나(mecenat, 기업들이 문화예술을 적극 지원함으로써 사회 공헌과 국가 경쟁력에 이바지하는 것)나 소속사 또는 갤러리로부터 자유롭지 못한 것이 아닐까? 문화가 산업화된 현대의 대중문화에서 아티스트라고 불리는 누군가가 자신의 순수한 예술가성을 고집하고 시스템으로부터 벗어날 수 있을까? 서구 대중문화사에서 높이 평가받는 데이비드 보위가 만들어낸 여러 캐릭터가 어디까지 그의 모습이었을까? 그는 어느 인터뷰에서 진정한 자신의 모습이 무엇인지 혼돈스럽다고 말한 적이 있다.

지해야 한다."(Melanie, LA 스테이플센터 앞 인터뷰)

BTS와 케이팝, 무엇이 같고 다른가

BTS가 아이돌이라는 정체성을 받아들인다면, BTS는 케이팝에 속하는가? 어찌 보면 너무도 당연한 질문처럼 보이지만, 이것은 케이팝과 BTS 팬들 사이에서 오래된 논쟁이다.

BTS를 케이팝으로부터 분리해 케이팝과의 탯줄을 끊고 싶어 하는 팬들 가운데 상당수는 케이팝을 즐기다가 BTS의 팬이 되었다기보다는 유튜브 알고리즘의 결과대로 서핑하며 영상을 즐기다가 BTS의 잘 만들어진 뮤직비디오를 보고 팬이 되었다. 그들은 이렇게 메시지가 있고 스스로 창작 활동을 하는 성실하고 진실된 자신의 스타가 공장 같은 시스템 속 생산물을 떠올리게 하는 케이팝 딱지를 붙이는 것을 원치 않는다. 이 문제에 대한 케이팝 팬들의 입장은 다음과 같다. 케이팝 아이돌이 기획사 연습생 시스템을 통해 생산된다는 것을 잘 알고 있는데, 이들이 실력이 좋은 것 또한 그 덕분이다. 그리고 이제는 케이팝 아이돌 중 많은 사람이 스스로 창작에 참여한다. BTS도 연습생 시절을 거쳐 아이돌 시스템 속에서 생산되었으면서 아닌 척하는 건 대체 뭐냐, 왜 아미는 BTS만 최고라면서 다른 케이팝 그룹들의 실력은 폄하하고 비난하는가? 이처럼 케이팝 팬과 아미 사이에는 아직 해결되지 않은 입장 차이가 있고, 이들은 오랫동안 긴장 관계에 놓여 있다.

이 지점에서 연구자로서 내 입장을 밝힐 필요가 있겠다. BTS를 연구하기 위해 가까이에서 관찰하고 글을 쓰다 보니, 문화 연구자로서 책 한 권을 쓸 만큼 BTS현상과 영향력의 생태계에 대한 지식이 축적되었다. 특히 유튜브에 업로드된 내 인터뷰 영상과 신문 칼럼 등을 통해 팬들 사이에 내가 아미일 거라는 추측이 돌았지만, 나는 지구상 전례 없이 강력한 팬덤을 형성한 이 그룹의 매력과 팬들이 느끼는 감정, 그리고 팬과 아티스트 사이에서 이루어지는 교류의 내용을 연구하기 위해 이 세계의 표피 속으로 들어갔을 뿐, 관찰자의 시선을 놓치지 않으려 애써왔다.

우리는 일반적으로 빅토르 위고를 연구하는 문학 연구자가 빅토르 위고의 팬이고 모차르트 전문가는 모차르트의 팬이어서 이들에 대한 의견이 편향적일 거라고 생각하지는 않는다. 위고나 모차르트 전문가도 당대의 다른 예술가보다 이들에 대해 더 많이, 더 깊게 알고 있다는 점에서 팬들과 다르지 않지만, 여기서 핵심은 지식의 내용 자체라기보다 지식의 생산방식과 이를 해석하는 패러다임이다.

게다가 나는 대중문화 현상에서 사회적 역동성과 의미를 쫓는 연구자이지 케이팝 전문가가 아니다. 따라서 케이팝에 대한 고고학적인 시선에서 어떻게 케이팝이 형성되었는지, 어디까지가 케이팝이고 어디부터가 케이팝이 아닌지 같은 케이팝의 음악적 정의에 대해서도, 케이팝에 대한 서로 다른 이해의 공존에 대해서도 권위 있는 의견을 내놓을 위치에 있지 못하다.• 여기에서는 BTS가 케이팝에 빚진 부분, 케이팝과 BTS가 공유하는 부분, BTS를 케이팝 문화와 분리해주는 특성들에 대해 논하면서 이 복잡한 문제에 대해 답을 구해보려고 한다.

(1) 한국 미디어 문화의 영향

첫째, 케이팝과 BTS는 기획사 시스템의 한가운데든 변방이든, 한국 미디어 문화의 깊은 영향 아래에서 형성되고 발전했다. 우선 대부분의 성공한 아이돌들은 한국 미디어 문화의 핵심인 방송 프로그램, 특히 음악 차트 프로그램, 아이돌과 가수 같은 연예인들을 동원하는 예능 프로그램, 만능 엔터테이너인 아이돌을 연기자로 출연시키는 드라마에 교차 출연한다.•• 양질의 뮤직비디오, 리액션 비디오, 댄스 연습 비디오, 플래시몹이나 커버댄스 비디오, 설명 비디오(video explained), 팬이 공연장에서 가장 선호하는 멤버의 움직임을 찍은 직캠 등 유튜브에 공개되는 다양한 영상을 통해

• 이 부분은 대중음악 전문가로서 케이팝에 대해 지속적 연구서를 출판해온 이규탁 교수의 저서 《케이팝의 시대》(한울아카데미, 2016)와 《갈등하는 케이, 팝》(스리체어스, 2020)을 참조할 수 있다.

•• BTS는 그룹의 활동을 제일 중시하고 개인적 커리어를 발전시키지 않는다. 이것은 많은 아이돌 그룹이 배우의 길을 가는 몇몇 멤버를 지닌 것과 극명하게 대조된다. 뷔가 KBS2 TV드라마 〈화랑〉(2016~2017)에 출연했던 것을 제외하면 BTS는 개인 앨범을 낸다거나 그룹 활동 이외의 개인적 커리어가 없다. 힙합 라인 멤버들이 개인 믹스테이프를 발표하기도 하지만, 이것은 회사의 프로모션 대상이 아니다.

서 아이돌의 정체성과 매력을 키워간다.

팬들이 '대포카메라'를 들고 좋아하는 멤버 중심으로 찍은 공연 영상과 사진, 공항 출입국 영상과 사진, 방송국 출퇴근 영상과 사진은 대부분 스타의 초상권을 침해하는 불법 촬영물임에도 그 어떤 공식 사진사가 찍어내는 화보들보다 아이돌 스타들의 매력을 잘 잡아내고 극대화한다. 이렇게 찍힌 사진은 보정되어, 팬 공동체에서 거래된다. 애정의 대상을 향한 욕망 가득한 시선으로 팬들이 잡아낸 영상과 사진이 공식 사진가의 영상과 사진보다 더 뜨겁게 팬들에게 감동을 생산하는 것은 어쩌면 당연한 일이기도 하다. 한국의 대포카메라 문화는 케이팝 팬덤뿐만 아니라 뮤지컬 스타나 정치인에까지 확대되어, 적극적인 영상 생산자로서의 팬덤 문화를 셀러브리티 전체 현상으로 확대시키고 있다. 이처럼 BTS는 케이팝과 한국 미디어 문화의 여러 관습을 공유한다. 이들은 같은 미디어 생태계에서 태어났다.

이러한 케이팝 문화를 이루는 다양한 콘텐츠에 우리는 너무도 익숙해서 그 특별함을 제대로 인식하지 못하지만, 이들이 케이팝 문화 형성에 얼마나 중요한 역할을 하는지는 케이팝이 한국 밖으로 나가면 단번에 드러난다. BTS는 빌보드와 AMA(American Music Award)에서 공연하고 미국의 텔레비전 프로그램에도 출연했는데, 이때 팬들은 BTS의 역동적인 안무가 너무도 2차원적으로 매력 없이 촬영된 것에 놀랐다. 다년간 한국 아이돌의 군무 촬영에 최적화된 한국 TV채널의 쇼프로그램 카메라맨들은 역동적인

2019년 1월 'LOVE YOURSELF' 월드 투어 나고야 공연 중 〈DNA〉를 공연하는 BTS
© Wikimedia Commons

춤선을 미리 알고 따라간다. 등장하고 빠지는 멤버들의 동작을 이해하고 클로즈 샷, 중간 샷, 전체 샷의 프레임을 구성하는 한국 쇼프로그램의 카메라와 조명이 역동적인 댄스 EDM이 많은 케이팝의 분위기를 얼마나 영상으로 잘 옮기고 있는지를 역설적으로 느끼게 해준 기회였다. 반면 AMA 공연 영상은 한국 방송의 쇼프로그램이 생산하는 역동적 화면에 비해 너무 평면적이고 초라해 보이기까지 했다.

(2) 케이팝 팬덤의 문화를 내화한 아미

한때 예술작품이든 대중문화 산물이든 수용자는 문화 생산자가 텍스트에 담는 의미를 그대로 소극적으로 받아들이는 존재로 이해됐었다. 그러나 미디어 산물의 수용에 대한 현장 관찰 연구 결과, 같은 텍스트를 소비할지라도 수용자의 여러 조건에 따라 매우 다르게 읽힌다는 사실, 그리고 이는 예술작품뿐 아니라 웃고 즐기는 단순한 텍스트라고 폄하되던 대중문화 텍스트도 마찬가지임이 드러났다.

디지털 기술의 발전은 문화 소비자들이 적극적인 수용자를 넘어서서 문화 산물의 생산자가 될 수 있는 민주적 환경을 마련했다. 디지털 기술은 영상 생산 기기의 가격을 혁명적으로 낮추어 그야말로 스마트폰을 손에 든 개인이 바로 영상 생산자가 되게 해주었으며, 영상 가공에 필요한 소프트웨어들에 대한 접근도 비교적 평이해졌다. 그 결과, 케이팝과 관련된 각종 인터넷 공간, 즉 유튜브, 인스타그램, 트위터 등에 팬픽션, 팬아트, 팬비디오 같은 팬들의 다양한 창작물(fan creation)이 가득해졌다. 인터넷과 소셜 네트워크의 발전 덕분에 디지털 기기를 지닌 팬들은 드디어 시공간을 극복한 커뮤니티를 이룰 수 있게 되었다. 스타에 대한 사랑과 더불어, 영상과 텍스트를 생산·소비·유통하는 디지털 기술을 갖춘 팬 집단이야말로 동시대 문화 현상을 변혁할 가장 강력한 힘이 되었다.

디지털 기술이 가져온 문화생태계의 변화는 문화 생산자들의 전략도 변화시켰다. 문화 산업의 창작 방식이 개별 작품에 집중하는 전략에서 벗어나 여러 작품들이 상호 연관된 크로스미디어나 트랜스미디어 전략을 취하는 방향으로 발전하게 된 것이다. 이것은 성공한 콘텐츠의 명성에 힘입어 새로운 콘텐츠의 성공 가능성을 높이려는 의도도 있지만, 디지털 문화 속에서 적극적으로 변한 수용자들의 호기심을 자극하고 특정 콘텐츠에 대한 충성심을 높이려는 의도도 있다. 게다가 이제는 SNS로 연결되어 협업하고 연대하여 콘텐츠를 소비하는 열성 수용자인 팬들이 있기에 콘텐츠 생산 전략 역시 전통적인 내러티브 산업인 영화, 드라마 등의 픽션 장르를 넘어서서 엔터테인먼트 전체로 확대되었다.

지금 이 시점에 적극적인 수용자 집단으로서 팬덤의 문화를 다룰 때 최고의 사례는 명실공히 BTS의 팬덤 아미다. 이들은 BTS의 새로운 앨범이 발매되기 전에는 선구매를 통해 해당 앨범이 빌보드 차트에 진입할 조건을 마련해준다. 발매 후에는 앨범의 곡들이 자국 라디오 방송국에서 흘러나오도록 라디오 프로그램 담당자들에게 곡을 신청하고, BTS 관련 정보를 제공하며, 때에 따라서는 DJ에게 선물 공세도 펼친다. 방대한 아미가 존재하는 미국에서 이런 움직임이 더욱 눈에 띄는 것일 뿐, 실제로는 미국 외의 다른 지역에서도 유사한 활동이 벌어지고 있다. 이러한 아미의 활동에서 두 가지를 눈여겨봐야 한다.

먼저, 아미의 조직화된 팬 활동은 국내 케이팝 팬덤 문화의 지대한 영향 속에서 만들어진 것이다. 자기가 지지하는 아이돌을 위한 투표 문화와 '조공' 문화, '내 새끼' 문화는 케이팝 문화를 케이팝답게 만드는 구조적 요소들이다. BTS의 팬덤 아미는 국내보다 해외에서 먼저 성장했다고 알려져 있으나, 이 거대한 팬덤의 활동은 국내 케이팝 팬덤의 여러 활동을 지역에 맞게 확대 재생산한 것들이 많다. 특정 아이돌 그룹이나 공개 오디션 프로그램에 출연한 특정 연예인을 지지하기 위한 SMS 투표, 앨범이나 음원이 나온 주에 음반 차트의 최정상에 올려놓으려는 팬들의 조직화된 '총공(격)' 등 한국 팬덤의 투표 능력은 세계 최고라고 알려져 있다. 이것을 학습한 전 세계의 아미는 BTS를 미국 빌보드의 최정상에 올리기 위해 유사한 방식으로 활동한다. 놀랍게도, 비공식적이지만 북한에서도 BTS에 투표한 기록이 있다고 한다.•

케이팝 팬들은 또한 자신의 아이돌이 참여하는 드라마나 영화 제작 현장에 밥차를 보내고, 아이돌의 생일을 축하하기 위해 이곳저곳에 선행을 한다.•• 아미는 선행의 스케일이 전 지구적일 뿐, 그 방법은 같다. 케이팝 팬덤이 아이돌의 생일을 축하하기 위해 서울 지하철에 축하 메시지를 전시한다면, 아미는 런던의 이층버스 광고나 뉴욕 중심지의 광고판을 사서 멤버들의 생일 축하 영상과 메시지를 전시한다.

• 2020년 1~2월에 방송된 드라마 〈사랑의 불시착〉(tvN)에는 병원에서 남주인공 리정혁(현빈 분)을 간호하던 윤세리(손예진 분)가, BTS의 뮤직비디오를 보면서 아미임을 자처하는 환자 팬을 마주치는 장면이 나온다. (이지행, 《BTS와 아미컬처》, 커뮤니케이션북스, 2019)

•• 선행의 방식은 매우 다양하다. '조공'이라는 말에 걸맞게 공연장에서 쌀을 모아 기부하거나, 헌혈을 하거나, 개발도상국에 우물을 파주고 나무를 심어 아이돌 이름의 숲을 만드는 등, 매우 다양한 종류의 선행을 조직한다.

BTS뿐만 아니라 케이팝 해외 팬덤도 급성장하고 있다. 내가 직접 만난 공연장의 아미들에게 가장 좋아하는 케이팝 아티스트 세명을 적으라고 했더니, 수많은 아티스트의 이름이 거론되었다. 그들은 스스로를 BTS 팬으로 정의하고 힘들게 티켓을 구해 BTS의 공연을 보러 왔음에도 다른 케이팝 그룹들도 좋아하고 그들의 음악도 듣고 있었던 것이다.

현장조사에서 가장 많이 언급된 것은 당연히 BTS였다. BTS 다음으로 많이 언급된 이름들은 세븐틴, 블랙핑크, GOT7, 몬스타엑스 순이었고, 그 외 소수가 거론한 그룹과 가수들은 다음과 같다. (여자)아이들, 24K, 투애니원, A.C.E, 아스트로, B.A.P, 볼빨간사춘기, 비투비, 씨엘, 드림캐처, 에디킴, 에프엑스, G-Dragon, G. Soul, 여자친구, 하이라이트, 혁오, 카드, 이하이, 나비, 넬, 뉴이스트, 피프틴앤드, 신화, 스누퍼, 선미, 태민, 더로즈, 동방신기, 빅스, Winner, 지코 등. 케이팝의 오랜 또는 핵심적 팬이라고 자처하는 사람일수록 케이팝 스타들의 리스트는 잘 알려지지 않은 그룹이나 홍대 앞의 음악인들로까지 확장된다.

아미나 케이팝의 해외 팬들이 이처럼 케이팝의 팬덤 문화를 모방하는 이유는 케이팝의 커다란 매력 중 하나가 바로 팬덤 커뮤니티이고, 팬덤 문화를 통해 공유하고 느끼는 인간관계이기 때문이다. 겉으로 드러나는 것은 조공이나 총공을 비롯해서 무슨 일이 있어도 내 아이돌을 지지하려는 '내 새끼' 문화이지만, 그것을 실행하는 과정에서 취향이 같고 대화가 통하는 친구들을 얻게 되고,

커뮤니티 내부에서 연대를 경험할 수 있으며, 그 결과 서구의 대중문화에는 존재한 적이 없는, 스타와의 친밀한 관계를 경험할 수 있다. 외국의 한류 팬이 한국 드라마에서 인간관계의 따스함과 정을 느끼는 것처럼 케이팝에서도 인간관계가 팬덤의 DNA 나선 중하나의 역할을 하는 것이다. 특히 케이팝 팬덤의 주요 구성원인 청소년 팬들에게 그 나이대에 찾아오는 정체성의 문제와 또래집단의 문제를 뜨끈한 연대로 뭉친 케이팝 팬덤이 충족시켜줄 수 있다. 이것은 외국의 청소년들에게는 더욱 강렬한 매력이다.

한편 팬덤을 움직이는 기본 에너지는 사심 없는 애정이다. 팬덤은 발전한 자본주의 사회에서 인간 집단을 움직이는 힘 가운데 가장 순수한 열정을 에너지로 삼는 집단이 아닐까? 왜냐하면 팬덤은 자기가 좋아하는 스타가 행복하고 잘되는 것 외에는 바라는 것이 없기 때문이다. 팬들은 팬미팅에 뽑힐 가능성을 높이거나, 스타와 눈을 맞추고 악수를 해볼 기회를 갖는다거나, 그들의 앨범이나 노래를 음반 차트와 음원 차트의 상위권에 끌어올리기 위해 시간과 돈을 투자하고는 그 결과에 기뻐할 스타를 상상하며 행복해한다. 이 과정에서 자신은 중간고사를 망치고 잠을 설치고 통장에 구멍이 나더라도. 케이팝 스타들과 BTS 멤버들이 팬의 사랑을 입에 달고 사는 이유다. 밖에서 보면 유치하고 의미 없는 말과 제스처로 가득한 팬과 스타의 관계이지만, 팬덤은 공감하는 애정을 기본 에너지 삼아 상호 신뢰하는 집단과 스타가 맺는 사심 없는 관계다. 사심 없는 관계처럼 강력한 것은 없다.•

두 번째 포인트는, 스타에 대한 애정으로 모여 강력한 커뮤니티를 이룬 팬덤이 자신의 스타와 해당 스타가 살아가는 엔터테인먼트 환경에 대해 그 누구보다도 전문성을 지닌다는 점이다. 문화 산업에 종사하는 기자, 비평가, 해설가 등 문화 중재자들은 집단지성을 동원해 학습하고 솔루션을 찾는 팬덤 앞에서 어떤 무게도 갖지 못한다.

과거에 이 중재자들은 대중매체에 나와서 권위를 가지고 문화 현상을 해석했고, 시청자는 새로운 정보와 권위 있는 해설로 공부를 하고 영향을 받았었다. 그러나 디지털 문화 속의 수용자는 작품의 이해를 중재자들에게 의존하는 대신, 팬덤 내부의 뜨거운 커뮤니케이션을 통해 엄청난 정보와 이해를 누적하고 있을 뿐만 아니라 새로운 과제가 등장하면 집단지성을 활용하여 정확하고 빠르게 답을 찾아낸다. 전문성 또한 전문가들에게 뒤처지지 않는다. 청소년기에 대중문화 팬덤을 경험하고 학자로 자란 학자-팬(aca-fan) 세대의 등장으로, 이들이 참여하는 팬덤의 여러 활동은 전통적인 문화 중재자들의 권위를 뿌리째 흔들 수 있게 되었다.

쏟아져나오는 콘텐츠의 홍수 속에서 기존의 엘리트주의에 고립

● 이지행에 따르면, 팬덤의 기부 활동은 스타에 대한 맹목적 충성심에서만 비롯된 것이 아니라 사회적 의사표현의 일종이다. 게다가 팬들은 서로의 사심 없음을 믿기에 상호 신뢰가 강하다. 어디에 어떻게 기부할지 고민할 필요도 없이 같은 목표로 연대한 팬덤 커뮤니티의 기부에 동참하면, 자신의 기부금이 믿을 만한 지도부에 의해 좋은 일에 쓰일 것을 의심하지 않아도 된다는 것이다. (이지행,《BTS와 아미컬처》, 커뮤니케이션북스, 2019)

된 전통적 중재자들은 팬들로부터 비판받는 자리에 놓이기 쉽다. 자기가 좋아하는 스타에 대해 "역사상 가장 할 말이 많은 팬덤"이라는 소리를 듣는 아미들은 BTS에 대한 각종 콘퍼런스, 비평적·학술적 담론 생산의 장에도 적극 참가한다. 전문가들의 인터뷰나 발표에서 무언가 배우기보다는 그들이 설파하는 해설과 정보가 옳고 그른지를 평가한다. 엄청나게 많은 콘텐츠의 양은 비평가의 일을 더욱 어렵게 만든다.

디지털 문화가 가져온 이러한 변화를 가장 이해하지 못하는 사람들 또한 엘리트주의 기자를 포함한 이 중재자들인 듯하다. 문화 블로거 엘로디 르루아(Elody Leroi)의 아래 지적은 매우 날카롭다.

"프랑스 기자들이 가장 인정하기 어려운 것은 BTS가 성공하기까지 그들이 전혀 필요 없었다는 사실일 것이다. BTS는 이 나라의 전통적인 매체 홍보 없이 스타드 드 프랑스에 16만 3000명의 관중을 끌어모았다. 이것이 바로 기자들이 BTS의 성공을 불편하게 느끼는 또 다른 이유다. BTS의 성공은 대체 기자들이 무슨 소용이 있는지를 묻게 한다."●●

●● ELODIE LEROY, "BTS et la presse française : couvrez ces abdos que je ne saurais voir", 블로그 StellarSisters, 2019. 6. 17. (https://www.stellarsisters. com/bts-presse-francaise-stade-de-france)

(3) 케이팝의 경제 : 공짜 경제, 지하 경제, 아날로그 경제

케이팝과 BTS의 세 번째 공통점은 새로운 유통 전략이다.

영상 문화의 특성을 지닌 케이팝에서 매우 중요한 역할을 하는 뮤직비디오에는 많은 제작비가 투자되지만, 그럼에도 무료로 유튜브에 공개된다. 음원의 경우에도 다수의 유료 음원 사이트뿐만 아니라 거의 동일한 음질로 들을 수 있는 수많은 무료 플랫폼이 공존한다. 유튜브에만도 팬들이 만든 플레이 리스트나 스스로 제작한 영상에 음원을 더한 수많은 비디오가 존재하기 때문에 새로운 앨범의 구매는 음악을 듣는 것과는 상관이 별로 없는, 아이돌 그룹이나 스타에 대한 팬들의 충성심이나 인기도를 드러내는 척도가 된다.

2020년 2월 21일에 발매 예정이었던 BTS의《MAP OF THE SOUL: 7》의 선구매 신청은 400만 장을 넘어서면서 선구매의 새로운 기록을 경신했다. 이는 BTS의 새 앨범을 기다리는 팬들의 기대와 욕망의 척도일 뿐, 대부분의 디지털 수용자는 앨범을 구매하지 않더라도 앨범 발매 즉시 어디에선가 새 앨범의 곡들을 들을 수 있었을 것이다. BTS의 랩라인 멤버들이 믹스테이프를 무료 공개 형태로 내는데도 팬들은 사랑하는 멤버의 이 앨범마저 빌보드에 오르게 하려고 무료 음원이 아닌 유료 음원으로 듣는다.

오래전부터 아티스트의 저작권이 정립되어 있던 유럽과 일본에서도 무료 뮤직비디오가 유튜브에 탑재되지만, 전반적으로 무료로 소비 가능한 콘텐츠의 양과 변형은 훨씬 적다. 이 지역에서 팬덤은 콘서트 관객 확보에는 유리한 존재로 여겨지는 반면, 원저작권과 초상권의 무덤으로 인식되는 경향이 있다. 반면 케이팝에서는 뮤직비디오와 음원은 공짜로 풀리더라도 오히려 아이돌이라는 자본의 부가가치를 키우는 프로모션 역할을 하고, 기획사는 콘서트와 MD들의 판매를 통해, 더 나아가 빅히트의 BTS 매니징에서 보듯 스토리와 유저 경험의 트랜스미디어 확장을 통해(2장 참조) 수익을 창출한다. 음악 산업 경제를 넘어 복합 연예 산업으로 불리는 이유다.

케이팝 문화에서 음반 구매는 아이돌 스타들을 아날로그적으로 만나는 팬미팅에 뽑힐 확률을 높여주는 투자 역할을 한다. 기획사는 앨범 속에 멤버들의 사진이나 텍스트를 무작위로 넣어 특화시킴으로써 팬들이 선호하는 아이돌의 사진집이 담긴 앨범이 손에 들어오기까지 다량의 앨범을 구매하도록 욕망을 조절한다. 팬미팅이나 콘서트는 한정판 MD나 헌정앨범 등 아날로그적 가치가 더해진 여러 상품을 구입할 창구가 된다. 즉 케이팝은 디지털로 홍보하고 아날로그로 수익을 얻으면서 둘 사이에 상생의 관계를 만들어가도록 매니징되는 독특한 문화를 가지고 있는 것이다.

이러한 케이팝 경제의 이면에 팬덤의 지하 경제가 있다. 공식적으로는 공연장에서 사진을 찍는 것이 금지되어 있으나, 어떤 팬도 스마트폰으로 사진 찍는 것을 멈추지 않는다. 스마트폰에 잡힌 공연장 모습은 팬 커뮤니티에 공연의 분위기를 홍보하는 효과를 생산할 뿐, 공연을 녹화한 상업적 DVD의 화질이나 내용과는 경쟁

상대가 되지 못한다. 그러니 기획사에도 스타들에게도 손해가 아니다. 대포카메라를 든 팬들이 스타들의 이동경로에서 찍은 사진들도 마찬가지다.

앞서도 말했지만, 팬심을 지닌 이들이 찍은 사진이 기획사가 생산하는 공식 화보들보다 훨씬 더 팬들의 욕구를 충족시켜주기 때문에 사진 거래는 매우 활발하게 이루어진다. 기획사도 이런 지하경제가 팬덤의 열기를 유지해주기 때문에 굳이 초상권 침해로 몰고 가지 않는다. 이것은 명품 브랜드가 짝퉁 경제를 대하는 태도와 유사하다. 짝퉁 경제로 손해 보는 것보다는 그것 덕분에 명품에 대한 욕망이 유지되는 것이 더욱 중요하기 때문이다. 이런 현상은 공연과 팬미팅 티켓의 2차 시장에서도 관찰된다. 아이러니하게도 재판매되는 티켓의 가격은 공연의 주인공인 아티스트의 인기와 가치의 지표인 것처럼 미디어에 유통된다.

빅히트는 케이팝의 이러한 공짜 경제 활용 구조를 공유하면서도 갈수록 거대해지는 세계 투어의 티켓 판매를 지금과 같이 2차 판매자들의 개입으로 혼란스럽게 하지 않기 위해 근본적 대책을 마련했다. 이미 2019년 6월의 팬미팅 때 티켓 실명제를 통해 구매자와 입장자가 다를 경우 입장을 제한하는 등 암표의 폐해에서 벗어나기 위해 노력했고, 공연과 MD 구입 등 팬으로서의 다양한 사용자 경험을 덜 힘들게 하기 위해 이미 플랫폼 위버스(Weverse)와 쇼핑앱 위버스샵를 만들었다.• 이것은 공연장에 일찍 도착한 팬들이 캠핑을 하고 줄을 서며 축제를 즐기는 문화를, 계획된 서비스 소비로 변화시키는 기술이다. 이러한 팬경험 플랫폼의 도입이 장기적으로 열정적인 아미의 진화에 어떤 영향을 미칠지는 아직 알수 없다.

BTS가 혼종성을 드러내는 방식

케이팝이 음악 장르로서 세계 대중음악 무대에 모습을 드러내면서부터 케이팝의 혼종성이 화두가 되었다. 케이팝은 외국에서 가져온 음악 스타일과 문화적 요소들을 원재료로 해서 한국 엔터테인먼트 산업이 1990년대를 거치며 만들어낸 대중음악이다. 케이팝이 외래적 요소들의 혼합으로 만들어졌음을 지적하는 혼종성 논의는 현실을 직시하게 하는 동시에 문제를 비판적으로 바라보게 한다. 그런데 이 세상의 어느 음악이 혼종적이지 않을까. 특히 세계화된 문화 산업과 디지털 문화 시대에 모든 문화물이 인터넷을 통해 SNS의 화력 속에서 빠르게 소통되는 지금, 어떻게 서로 영향을 주고받지 않을 수가 있겠는가. 그럼에도 유독 케이팝의 혼종성이 화두가 되는 이유는 다음과 같다.

첫째, 서구 중심적 사고에 따르면 동아시아의 작은 나라에서 만들어진 음악은 로컬 음악과 문화의 여러 특징을 담고 있는 것이

● 김연지, "빅히트, 매출 전년도 대비 2배 상승 5879억.."2022년까지 매년 신인 그룹 데뷔"",《일간스포츠》, 2020. 2. 7. (https://news.joins.com/article/23700187)

뉴욕에서 만들어진 한국인 없는 케이팝 그룹 Exp Edition
ⓒ Exp Edition 공식 웹사이트

당연한데도 케이팝은 전혀 그렇지가 않다. 전자음이 강한 댄스 뮤직을 기반으로 힙합, 가벼운 록, R&B 같은 다양한 음악 스타일이 느껴지는 곡들이 주를 이루고, 후렴 부분이 발달하여 콘서트 때 관중과 커뮤니케이션하기 쉬운 형식을 지녔다. 더 나아가 후렴은 '후크'라고 불리는, 청중의 귀를 낚아채는 열창 부분으로 발전했다. 유행하는 모든 음악 장르들을 흡수하는 일에 전혀 부담을 느끼지 않는 것이다. BTS만 해도 이러한 케이팝의 혼종적 특성을 더욱 강화하는 외국 문화의 활용에 거부감을 느끼지 않는다. 2018년 8월 24일 발표된 노래 〈IDOL〉의 뮤직비디오의 경우, 한옥, 호랑이, 북청사자, 한복을 개조한 두루마기식 의상 등 한국 문화의 요소들과 "덩더리 덩더쿵"하는 한국 전통 노래의 추임새를 남아프리카에서 빌려온 댄스 음악 스타일과 시각적 요소와 유쾌하게 섞고 있다.

케이팝의 음악적 내용이 이처럼 글로벌한 음악의 영향 아래 굳이 지역성을 주장하지 않는 반면 음악 외적 요소는 사정이 다르다. 케이팝은 주로 한국인으로 구성되어 한국 연예 기획사의 아이돌 시스템을 통해 연습생으로 훈련받은 아이돌 그룹이 한국어로 노래하는 대중음악이다. 즉 언어, 인종, 제작 시스템이 케이팝의 지역성을 구성한다. 이 세 가지 요소가 어떻게 작동하는지 차례로 살펴보자.

케이팝은 한국어로 부르는 대중음악이지만 갈수록 영어가 가사 속에 침투하고 있다. 특히 세계 시장을 겨냥하여 후크 부분을 영어로 제작하는 경우가 급속히 늘고 있다. 가령 〈FAKE LOVE〉는 물 흐르는 듯한 한국어 가사로 시작되어, "Love you so bad, Love you so bad (…) Love it's so mad, Love it's so mad"와 한국어 문장이 섞인 중간 부분을 지나 후크 부분에서는 모두가 따라 할 수 있는 "I'm so sick of this Fake Love, Fake Love (…)"로 진행된다. 이처럼 케이팝에 영어가 늘고 있지만 기본 언어는 한국어다. 언어는 향후 더욱 중요한 케이팝의 시그니처가 될 것이다.

2015년 뉴욕에서 실험적으로 구성된 남성 아이돌 그룹 Exp Edition(이엑스피 에디션)은 케이팝의 K가 과연 무엇을 의미하는

지에 대해 전 세계의 팬들 사이에서 토론을 불러일으켰다. 인종적 다양성을 보이는 외모의 미국 남성들로 구성된 이 그룹은 케이팝 스타일로 작곡된 한국어 노래를 케이팝식 군무를 추면서 부른다. 케이팝의 정체성에 대해 세계의 팬들이 지닌 생각과 감수성을 타진해보려는 매우 영리한 기획이었다. 커버곡이 아닌 새로운 노래를 부르며 신체적 노력이 많이 드는 집단 댄스를 선보이는 미국 남성들의 모습은 과거 빌리지 피플(Village People)의 코믹 코드와는 전혀 다르게 시청자에게 게이 문화를 소환하는 장면이었다. 팬들로부터 이것은 케이팝이 아니라는 비판이 쏟아졌다. 그 후 이 그룹은 한국에 와서 한국 아이돌 연습생처럼 합숙하고 한국어를 배우고 SNS로 소통하며, 기회가 있을 때마다 방송에 출연하고 있다. Exp Edition의 이러한 변화에 대해 국내외 팬들 사이에 반응의 차이가 있기는 하지만, 이들이 한국어와 한국 시스템 안으로 들어온 후에는 팬들의 비판이 잦아들었다.

Exp Edition의 사례는 케이팝의 K가 지닌 인종적, 시스템적 의미를 그대로 드러내주었다. 동남아시아에는 전원 외국인으로 구성되어 한국어로 노래하는 그룹이 있지만 Exp Edition의 경우와는 달리 이들에 대해서는 케이팝 정체성 논란이 벌어지지 않았다. 가수가 동아시아인의 얼굴을 하고 있다면 케이팝이 아니라는 인종적 이질감이 작동하지 않는 것이다. 같은 이유로 한국인으로 구성되어 해외 활동을 주로 하는 남녀 혼성 케이팝 그룹 카드(KARD)는 케이팝이냐 아니냐는 논쟁의 대상이 되지 않는다. 다만 외국에서는 인기가 있지만 국내 팬들로부터는 소외되고 있을 뿐이다. 이런 사례들은 케이팝의 정체성인 지역성은 음악의 내용이 아니라 그것을 생산하는 환경이고, 케이팝은 음악의 장르라기보다는 하나의 문화 형식이라는 주장에 힘을 실어주는 증거다.

케이팝의 혼종성이 화두가 되는 두 번째 이유는, 한류 연구자들이 한류 현상을 설명하고 틀 짓는 이론을 생산하는 과정에서 혼종성 개념이 큰 역할을 했기 때문이다. 문화 연구는 세계화의 문화적 효과를 관찰하고 분석하고 설명하기 위해 1990년대부터 많은 노력을 기울였다. 서로 다른 문화 간의 접촉과 인간·물자·콘텐츠의 이동이 어떤 결과를 만드는지를 설명하기 위해 문화횡단(Transculturation), 제3의 공간(The Third Space), 탈영토(Deterritorialisation) 등 다양한 당대의 이론에서 여러 개념을 가져왔다.

혼종성은 특히 세계화의 문화적 결과에 대해 미국 대중문화의 일방적인 영향을 지나치게 강조하는 문화 제국주의적 주장에 반대하는 반근본주의적인 접근인 동시에 탈제국주의 이론의 핵심 개념으로 각광받았다. 과거의 피식민 국가들, 다시 말해 서구의 문화적 영향력 아래에서 근대화를 이룬 나라들의 대중문화는 혼종적 성격을 띠게 되는데, 이런 혼종성은 식민주의자들의 문화 요소들을 단순히 모방하고 그들의 이데올로기에 복속되는 것이 아니라 수입한 문화 요소를 다르게 배치하고 해석함으로써 그 힘의 방향을 뒤집을 새로운 무엇인가를 창출하는 '제3의 공간'이 된다.

케이팝을 혼종적이라고 말할 때는 다음과 같이 두 가지 뜻이 동시에 작동하고 있음을 상기해야 한다. 첫째, 케이팝의 세계는 수입된 음악 스타일의 흉내에 그치지 않고 결국 구성요소들의 독특한 조합과 제작 환경의 지역성을 통해 지극히 한국적인 혼종을 만들어냈고, 둘째, 이 혼종은 다시 영향력의 근원지인 서구에 영향을 미치는 관계의 역전을 가져왔다는 것이다. 다시 말해서 서구의 직간접적 영향 아래 생산한 문화 형식이 역으로 영향을 미칠 수 있는 힘을 얻게 되었다.

특히 방대한 해외 팬덤을 지니고 세계로 뻗어나가며 한 발 앞서 케이팝 그룹들의 세계 진출을 이끌고 있는 BTS의 경우, 혼종성의 두 번째 의미가 더욱 강조되어 보인다. BTS의 혼종적 영향력이 지닌 인종적, 젠더적 의미에 대해서는 이 책의 5장과 6장에서 깊이 다룰 것인데, 이러한 영향력이 다른 케이팝 그룹들에 비해 강력한 이유는 BTS가 한국적인 경험을 직접 드러내기 때문이다. 세계화가 가져온 문화들 사이의 상호 영향 속에서, 외국의 음악 스타일과 문화적 요소를 차용하면 그 문화권에 속한 팬들이 즉각적으로 반응한다.

이러한 문화적 전유(cultural approprication)●에 대해서는 메이저 케이팝 기획사들 사이에 태도의 차이가 있다. BTS의 경우 데뷔 때

● 문화적 전유란 다른 문화의 여러 요소를 문화적 차이가 있는 다른 문화권에서 빌려다 사용하는 것을 말한다. 세계화와 더불어 이러한 문화적 전유가 대중문화 속에서 급증했는데, 본래의 문화적 맥락을 존중하지 않고 차용하는 경우가 종종 문제로 지적되고 있다.

부터 '힙합 아이돌'이라는 정체성을 앞장세우고 있었으니, 세계의 수용자들은 힙합에 대한 이들의 태도에 주의를 기울였다.

"그들은 〈아메리칸 허슬 라이프〉에서 흑인 문화에 대해 배웠다. 그런 옷을 입고 빅체인을 거는 것이 당연하지 않은 것임을 안다. 〈IDOL〉에 그와라그와라 댄스●●가 나오는데 이것도 미리 배운 것이다. 다른 케이팝 그룹이 그냥 가져다 쓰는 것과는 다르다. 이들은 미리 배웠기 때문에 문화적 전유가 아니다." (Dominique, 27세, 미국, 포트워스 컨벤션 센터 앞 인터뷰)

더 나아가 BTS 팬들은 미국 힙합 속의 섹스나 마약 등을 서구 문화의 스테레오타입이라고 평가하고, "힙합 아티스트가 되기 위해 힙합 문화에 젖을 필요는 없다", "이것(전형화된 서구의 힙합) 없이 개인적 경험을 얘기하는 케이팝의 랩을 좋아한다"며, 특히 "BTS의 랩은 그들이 실제로 경험한 삶의 내용을 담고 있어서, 대부분의 기존 랩보다 좋다"고 평가한다. 그야말로 한국이라는 로컬의 혼종적 산물이 거꾸로 서구의 팬들에게 영향을 미치는 장면이다. BTS 팬들은 이들이 초기의 한국적 힙합에서 진화해 다양한 음악 스타일을 수용하는 것에 대해서도 대부분의 경우 '상관없다'는 태도를 보인다. 팬들이 중시하는 것은 BTS 멤버들이 실제 자아와

●● 최근에 유행한 남아프리카공화국의 댄스 스타일.

사회적 맥락 속에서 생산하는 메시지의 일관성이기 때문이다.

케이팝을 넘어 세계 속으로

앞서 말했듯이, BTS 팬과 케이팝 팬 사이의 갈등은 오래되었다. BTS 팬들은 케이팝을 좋아하는 행동이 본인이 속한 사회에서는 부끄러운 일로 여겨지는 경향이 있었고, 아시아인이 적은 지역에서는 더욱 그랬다고 토로한다.

서구 미디어의 눈에 케이팝은 무엇보다 아이돌 음악으로 이해되었다. 어린 연습생들이 기획사와 노예 계약을 맺고 극심한 연습을 통해 로봇처럼 수행하는 자발성 없는 퍼포먼스, 성형과 뷰티 테크놀로지의 결과물인 아이돌의 인형 같은 외모, 알록달록 물들인 머리카락, 화려한 의상, 서구의 코드에 맞지 않는 섹스어필은 지나치게 산업적이고 상업적이고 인공적으로 보였다. 더구나 아이돌 팬덤은 열광의 도가 지나쳐서, 기성 매체들은 그들이 어떤 미학적이고 이성적 가치를 공유하고 있으리라는 추측을 배제해버린 채, 그저 부정적 평가만 내리고 있었다.

인터뷰에 따르면, 특히 유럽에서는 싸이의 이미지가 너무 강력하기 때문에 케이팝 전체를 우스꽝스러운 음악으로 아는 사람이 많고, 케이팝은 유튜브상의 밈(meme)일 뿐, 실재하는 음악이 아니라고 믿는 사람도 있다고 한다. 그럼에도 점점 더 많은 사람들이 케이팝에 노출되고 있으며, 갈수록 많은 사람들이 케이팝을 좋아하는 것을 숨기지 않는다. 이제는 오히려 케이팝을 쿨한 서브컬처로 즐기는 경향도 나타나고 있다.

온라인으로 관찰했을 때, 일부 해외 팬들 가운데는 BTS와 케이팝을 분리해서 생각하거나 BTS는 좋아하지만 케이팝은 싫어하는 부류들이 있었다. 그중에는 케이팝 팬덤이 BTS 팬덤을 공격하는 것을 공론화하여, #ArmyIndependenceDay 해시태그로 BTS를 케이팝으로부터 분리하자는 운동을 벌인 사람들도 있었다.[•]

하지만 실제 팬들을 만나 인터뷰해본 결과, 대부분은 BTS를 여전히 케이팝으로 분류하고 있었고, BTS 이외의 케이팝 아티스트도 좋아하고 있었다. 그들은 BTS가 기존 케이팝 그룹과 차별화되어 있기는 하지만 결국 BTS도 한국 그룹이기 때문에 그들을 코리안 팝그룹이라고 부르는 것은 당연하다고 말했다.

팬들은 케이팝 장르의 다양성은 물론, 다른 아이돌보다 높은 자율성을 보장해주는 BTS 매니징에 대해 잘 알고 있었다. 또한 케이팝 가수 중에 스스로 음악을 제작하는 사람이 늘어나면서 굳이 케이팝과 BTS의 구분이 불필요하다고 생각하는 팬도 많았다. 게다가 BTS 스스로 〈IDOL〉에서 케이팝 아이돌로서의 정체성에 대해 수긍했는데, 무엇이 문제냐고 반문하기까지 했다. BTS의 성공에

• 이지행은 국내외를 막론하고 케이팝 팬들이 다른 팬들에 비해 아미를 싫어하는 첫 번째 이유가 아마도 아미가 BTS의 음악과 서사에 과도한 의미를 부여하거나 과잉 해석하는 탓이라고 지적한다. (이지행, 《BTS와 아미컬처》, 커뮤니케이션북스, 2019)

힘입어 다른 케이팝 그룹들이 서구로 진출하고 있는 것도 BTS가 케이팝으로 인식되기 때문이라는 것이다.

나의 전작인 《세계화와 디지털 문화 시대의 한류》의 마지막 장에서 케이팝의 미래를 다루면서, 케이팝 음악은 현재 가장 가시적이고(visible) 쉽게 접근 가능하며(available), 케이팝 문화는 굳이 누군가 트집 잡을 만한 측면이 많지 않고(less objectionable),● 어떤 미학적·윤리적·정치적 위험도 없는 문화라고 썼었다. 하지만 7년이 지난 2020년, 케이팝은 더 이상 서구의 대중문화가 지닌 마약, 섹스, 우울 등 여러 가지 악덕으로부터 소독된 문화는 아니다. 그런 상황에서 BTS의 최근 행보는 미학적·정치적 차원에서 케이팝의 미래가 이전처럼 무정치의 영역은 아닐 것임을 예측하게 해준다. 그만큼 케이팝이 세계 속에서 중요한 영향력의 원천 또는 대안적 문화 자산이 되었다는 의미다. 칠레 정부는 2019년 칠레의 시위가 케이팝 팬들의 영향이라고 발표했고, 홍콩 시위 장소에 떨어진 BTS 캐릭터 인형 BT21의 사진은 트위터를 뜨겁게 달궜다. 더욱 구체적으로 보면, "마약, 무기력한 멜랑콜리, 패배주의와 냉소주의가 지배하는 포스트 말론의 음악이 트럼프가 지

● 미국 지상파 텔레비전 방송에서 생겨난 프라임 타임대의 편성 전략. 지상파 채널에서 가장 시청률 경쟁이 치열한 이 시간대에 가장 높은 시청률, 즉 가장 많은 인구를 끌어 모을 수 있는 프로그램 편성 원칙은 특정 시청자 층을 만족시키는 내용의 누적이 아니라, 어느 시청자 층도 적극적으로 채널을 돌리지 않을 만한 내용을 추구하는 것이다. 즉 '반대'가 가장 적을 만한 내용, 어떤 미학적·윤리적·정치적 위험도 없는 프로그램을 내보내야 한다는 보수적인 편성 원리다.

배하는 미국의 징후라고 생각하는 일군의 반트럼프주의자들, 그리고 흑인의 영혼이 담긴 랩 장르를 가져다가 영혼 없이 전유하는 백인 래퍼 포스트 말론에 반감을 가진 흑인 팬들이 BTS의 〈FAKE LOVE〉를 포스트 말론의 빌보드 지배를 끝낼 탄환으로 사용하는 #StreamFakeLoveToEndTrump'sAmerica 운동"을 벌이기도 했다.•• 이 책의 5장과 6장에서 자세히 다루겠지만, 세계화된 지구의 로컬에서 태어난 BTS는 동시대의 청년 세대가 처한 현실 속에서 때로는 방탄이 되기도 탄환이 되기도 하면서 케이팝보다 한 발 앞서 세계 속으로 아무도 간 적이 없는 길을 내며 걸어가고 있다.•••

•• 이지행, 《BTS와 아미컬처》, 커뮤니케이션북스, 2019.

••• 코로나19가 전 지구적 위기를 조성한 2020년 상반기 미국을 달군 "흑인의 생명도 중요하다(BLM: Black Lives Matter)" 운동 지지자들이 SNS를 통해 BTS와 케이팝 스타들에게 운동에 동참하는 제스처를 취해줄 것을 요구하는 일이 벌어졌다. 한국의 매체들과 일반 대중은 "왜 하필 케이팝 스타들에게 이런 요구를 할까"라고 질문했으나, 아미와 케이팝 팬들은 이미 그 이유를 이해하고 있었다.

2장

BTS
트랜스미디어

: BTS 서사를 이해하는 가장 중요한 키워드

무더운 7월의 어느 날이었다. 차를 세워놓은 서울대학교 135동 앞에서 캠퍼스맵을 열고 폐수영장을 검색했다. 400미터 떨어진 지진관측소 위쪽으로 106이라는 건물 번호가 붙어 있는 사각형이 지도 위에 나타났다. BTS 멤버들이 학교 시리즈 이후 아직 잘 알려지지 않았던 시절, 뛰어놀면서 찍은 영상 '화양연화 on stage: prologue'의 시작이 바로 이 폐수영장이었다니! 서울대학교 순환도로를 지나다 보면 허름해서 눈에 띄지 않고 그냥 지나치기 십상이며, 아무도 찾지 않을 듯한 지난 시대의 건물 같은 지진관측소 옆에 산 위로 올라가는 계단이 보인다. 차를 세우고 계단을 오르기 시작했다.

BTS 트랜스미디어가 시작된 뮤직비디오의 이 장면을 서울대학교의 전설적인 폐수영장에서 찍었으리라고 생각하게 된 계기가

'화양연화 on stage: prologue' 촬영 당시 BTS가 서울대학교 폐수영장에 남긴 그래피티. 뮤직비디오에서 멤버들의 배경으로 보이던 그래피티가 지금도 선명하다.
ⓒ 홍석경, BTS 뮤직비디오 캡쳐

있었다. 서울대 언론정보학과 학생들의 2014년 영상제에서 〈블레어 윗치(The Blair Witch Project)〉●를 상기시키는 페이크 다큐멘터리 형식의 짧은 이야기를 본 적이 있다. 대체 어디에서 저런 영상을 촬영했느냐고 물었을 때, 촬영이 금지된 폐수영장에서 밤에 몰래 찍었다는 답이 돌아왔다. 학교 측은 안전을 이유로 수영장에 접근하는 것을 금지하고 있지만, 폐허가 된 장소가 워낙 포토제닉해서 자신들의 영상뿐만 아니라 케이팝 뮤직비디오 여러 편이 여기에서 촬영되었다고, 학생은 덧붙였다.

그로부터 4년 후인 2018년, 언론정보학과 교수로서 참여한 대학 홍보 회의에서 나는 홍보용 대학 정기간행물의 표지 인물로 방시혁 대표를 제안했었다. 지나치게 학구적이거나 상식적인 성공의 잣대가 느껴지는 기존의 표지 인물들과 구분되어 신선한 이미지 쇄신이 가능할 것이라고 생각해서였다. 바쁜 방 대표가 과연 잡지 표지 촬영을 수락할 것인가 등의 대화가 오갔다. 《WINGS》 앨범의 성공으로 BTS가 날아오르고 'LOVE YOURSELF' 시리즈가 막 시작되어 매일매일 BTS가 뉴스에 언급되던 때였다. "방 대표가 전에 BTS 멤버 몇 명을 데리고 와서 폐수영장에서 촬영을 허가해달라고 했었는데, 안전 문제 때문에 거절했었어요." 홍보 회의에서 직원이 말했다. 순간 폐수영장과 관련된 두 가지 기억이

● 1999년 개봉한 공포 영화. 세 명의 영화학도가 200여 년 동안 전해 내려온 블레어 윗치의 전설을 다큐멘터리로 제작하다 실종되고 1년 후에 그들이 겪은 공포를 담은 필름만 발견된다. 페이크 다큐멘터리 형식으로 공포를 극대화한 연출이 돋보이는 영화다.

만나면서 BTS가 분명 이곳에서 뮤직비디오를 찍었을 거라는 생각이 들기 시작했다.

계단은 상당히 가파르게 한동안 지속되었다. 이 길의 끝에 과연 수영장이 있을지 의문이 생겼다. 1980년대 서울대 관악 캠퍼스에서 대학 시절을 보낸 나는 높고 높은 산중턱에 있어서 한여름 짧은 기간을 제외하고는 수영을 할 수 없다는 희한한 수영장에 대해 전해들은 기억이 있다. 실내 수영장이 만들어지기 오래전인 그 시절, 캠퍼스에 있는 유일한 수영 시설이 관악산 높은 산등성이에 있다는 이야기를 들었다. 정확한 위치는 산 위에서 살아가는 공대인들이 아니면 잘 알지 못하고, 수영을 선택하는 여학생들을 주변에서 본 적이 없을 정도로 남학생들만이 알고 있는, 지도 속에 있으나 한 번도 경험하지 못한 장소였다. 게다가 수영장이 등장하는 당시 캠퍼스의 대화들은 데모하다 쫓겨서 산으로 도망치다가 수영장 근처에서 막걸리 잔을 기울였다거나, 수영장보다 높은 산속 어디엔가 있다는 댐에서 어느 여학생이 자살했다거나 하는 이야기로 이어졌다. 한마디로 수영장은 캠퍼스 전설에 속하는 곳이었다.

돌계단이 나무계단으로 변하더니, 시간으로 뒤틀린 나무계단 끝에 출입금지라는 글귀가 크게 써 붙여진 입구가 드러났다. '화양연화 on stage: prologue'를 몇 차례나 보고 왔기에 이미 멤버들이 뛰어가던 계단, 나뭇잎 사이로 비치던 햇빛 등 영상의 도입부가 머릿속에서 재연되고 있었다. 출입을 막고 있던 철조망은 이미 누군가에게 밟혀서 길이 나 있었다. 그 금지의 선을 지나자 2차 대전 때 버려진 동남아시아 정글 속의 콘크리트 건물처럼 폐허가 되어버린 수영장 부대시설이 나타났다. 멤버들이 뛰어오르던 가파른 철제 계단을 따라가자 드넓은 빈 수영장이 드러났다. 눈길이 닿는 수영장의 맞은편 벽에 태형(뷔)이가 붉은 스프레이로 그린 남준(RM)의 괴물 실루엣이 보였다. 아, 여기에 그들이 있었어. 5년 전 여기에서 그들의 이야기가 시작되었어!

그동안 더해진 그래피티들에 뒤덮여 있지만, BTS의 자취는 여전히 그곳에 뚜렷이 남아 있었다. 더불어 이곳을 알아보고 방문했던 팬들의 자취도 느낄 수 있었다. 이런 높이의 산속에 이렇게 큰 수영장이 숨어 있었다니! 이 장소야말로 BTS의 아버지 방시혁 대표가 골랐을 것이고, 아마도 당시 많은 서울대학교의 청춘 남녀들에게 그랬듯이 그에게도 추억의 장소였을 것이다.

눈길이 닿는 곳마다 영상의 장면들이 겹쳐지면서 내가 그 영상으로, 그들이 이 수영장으로 소환되는, 희귀한 현실과 영상 경험의 교차가 일어났다. 영상 안에서도 지금 내가 사진을 찍듯 석진(진)이 영상을 찍고 있지 않았던가? 영상 속 비디오 화면에 나비도 등장했었는데, 영상 밖의 현실에서 재연되는 초현실은 장자의 꿈 같은 것일까. 영상 자체에 대한 팬들의 해석 담론까지 가세하여, 7월 땡볕 아래 폐수영장의 열기가 정신을 아득하게 만들었다.

이곳저곳 사진을 찍으며 감동이 차츰 가라앉자 스스로 묻게 되었다. 이 장소가 왜 그렇게 감동을 주지? 나는 왜 이 더운 여름날

오후, 금지를 어기고 이곳까지 올라와서, 당시에 금지를 어기고 이곳에서 촬영한 영상 속의 청년들을 생각하며 감동하고 있을까? 무엇보다 그들이 거기에 있었다는 증거인 그래피티가 마음을 흔들었다. 그들이 거기 있었을 때, 아직 아무런 사건들이 일어나기 전인 신화적인 순간, 청춘이 아름답기만 했던 과거와 현재의 모든 친구들 사이에 깃들었던 우정을 보여주는 무엇인가처럼, 붉은 귀가 달린 남준의 실루엣이 거기에 있었다.

폐수영장의 경험을 이토록 길게 쓴 이유는, 이것이 바로 현대의 모든 대중 텍스트가 지향하고 도달하기를 원하는 트랜스미디어적 경험이기 때문이다. 위에 기술한 것은 80년대 이곳에서 청춘을 보내고 오랫동안 외국살이를 하다가 다시 돌아와 대중문화를 연구하는 50대의 경험과 감수성으로, '화양연화 on stage: prologue' 영상과 그것을 포괄하는 BTS 트랜스미디어의 세계, 그리고 나의 독특한 경험을 교차하여 적극적으로 읽어내고 겪은 내용이다. 같은 장소를 방문하더라도 다른 인생 경험치를 지닌 누군가는 앞서 기술한 것과는 다른 본인에게 고유한 경험을 연쇄적으로 환기할 것이다. 그러나 이것이 수용자의 적극적인 해석과 그 결과인 강렬한 몰입(immersion)을 가져오고, 수용자가 적극적으로 발설하고 공유하고 싶어 하는 경험을 창출하는 트랜스미디어의 세계라는 것은 동일하다.

사실 폐수영장의 트랜스미디어 경험은 이것보다 훨씬 여러 층이다. '화양연화'에서 시작된 다양한 BTS의 텍스트를 따라가면서 만나게 되는 이야기, BTS 멤버들이 자신이 아닌 누군가를 연기하는 뮤직비디오의 세계가 있다. 그들이 연기하는 픽션은 BTS 멤버로서 형성된 7인의 캐릭터와 서사뿐만 아니라 멤버 개인의 이야기와 교묘하게 교차하며, 현실과 허구의 경계를 무너뜨리고 확장된다. 이 책의 서두에서 말했듯, 모든 이야기는 주인공이 길을 떠나면서 시작된다. BTS 멤버들은 고향을 떠나와 빅히트의 지하 연습장에서 처음 만나고 이후 한 방에서 기거하며 그들의 길을 걷기 시작했지만, 빅히트가 만들어낸 그들의 이야기는 바로 이곳 폐수영장에서 시작된다. 가장 아름다운 청춘의 시간인 '화양연화' 시리즈의 첫 이야기. BTS를 다른 케이팝 그룹, 아니 기존의 다른 모든 그룹과 차별화하는 모든 특성이 이 서사 속에서 만들어졌고, 이 서사가 작동하는 방식은 트랜스미디어적이다.

트랜스미디어란 무엇인가

방탄이 BTS가 되고, 다년간 미디어 안팎에서 전개된 이들의 이야기가 하나의 거대한 서사를 이룬다는 사실을 설명하기 위해 트랜스미디어라는 개념을 빌려보자. 트랜스미디어란 '트랜스(trans)'라는 단어에서 짐작할 수 있듯이 콘텐츠가 하나의 매체에 다 담기지 않고 미디어의 경계를 넘어 다른 미디어 공간으로 확장하는 현상을 의미한다. 이것은 하나의 원본 텍스트를 확장·변형시켜나가

거나 서로 관련성이 있는 다양한 형식의 여러 텍스트를 다양한 플랫폼에서 동시에 발전시키면서 텍스트가 서로 흩어지지 않고 단일한 이야기의 세계(universe)를 구축해나가게 하는 이야기 방식이다.

여러 미디어를 가로질러 이야기를 흥미롭게 전개하기 위해서는 이야기의 주요 요소를 여러 미디어 플랫폼에 유통해서 수용자들이 흩어져 있는 내용을 적극적으로 찾아보도록 유도하고, 궁극적으로 수용자와 텍스트가 상호작용을 통해 새로운 경험을 창출하게 해야 한다. 이처럼 여러 미디어를 가로질러서 하나의 이야기를 전개하는 것을 트랜스미디어 스토리텔링이라고 한다. 이것이 효과적으로 작동하려면, 다양한 미디어 플랫폼을 통해 공개되는 각각의 새로운 텍스트가 트랜스미디어로서 서로 연결되어 있는 동시에 그 자체로서 독립적이고 미학적 완결성을 지녀야 한다. 새롭게 더해지는 이야기는 단순히 더해지는 것이 아니라 전체 스토리에 새로운 해석이나 의미, 가치를 부가해야 한다.

마블의 영화 세계를 예로 들어보자.

마블의 '어벤져스' 시리즈가 서로 다른 세계에서 활동하는 개별적 히어로들을 하나의 이야기에서 만나게 했을 때, 그들이 함께 활동하는 세계는 각각의 히어로가 살아가는, 시공간적으로 너무도 다른 세계들이 무리 없이 그럴듯하게 만날 수 있는 곳으로 설정되어야 한다. 적어도 관객이 이해할 수 있는 설명을 동원하여 서로 다른 세계에서 살아가는 히어로들의 만남이 그럴듯하게 느껴지도록 설정되어야 한다. 그리고 이 이야기는 히어로들의 과거를 모르는 관객이라도 어느 정도 독립적으로 즐길 수 있도록 완결성을 지녀야 하는 동시에 개별적 히어로 시리즈의 기존 팬들이 이야기의 새로운 확장을 즐길 수 있도록 제작되어야 한다. 무엇보다 중요한 것은 개별 이야기가 전체 이야기의 트랜스미디어 프랜차이즈 세계로 관객을 진입시키는 입구 역할을 해야 한다는 점이다.

이때 이야기는 하나의 거대한 세계관 안에서 매끄럽게 이어져야 하지만 관객에게 참여할 의지를 촉발하기 위해 너무 촘촘히 짜이지는 않아야 한다. 따라서 트랜스미디어는 수용자가 참여해서 플랫폼에 여기저기 흩어져 있는 스토리를 완성하는 일종의 놀이라고 할 수 있다. 이 게임에 관객의 참여가 없다면 트랜스미디어 스토리는 미디어 사이에 흩어진 조각에 불과하기 때문에, 수용자는 트랜스미디어 스토리텔링을 완성시키는 주체이자 필수 요소다.

BTS 트랜스미디어에 익숙한 팬들에겐 새로 나온 뮤직비디오나 노래들이 기존 트랜스미디어 세계의 확장이나 변형으로 이해되지만, BTS를 잘 모르는 일반 수용자에게 새로운 텍스트는 독립된 일반 텍스트일 뿐이고, 그 자체로도 충분히 아름답다. BTS 트랜스미디어의 시초인 '화양연화 on stage: prologue'를 위해 BTS 팬들은 해설(팬들은 이론이라고 부른다)을 만들어 SNS를 통해 공유했다. 그리고 동일 인물들이 등장하는 새로운 이야기의 조각을 담은 콘텐츠가 등장하면, 이 새로운 조각을 기존의 해설에 그럴듯하게 포괄하는 새로운 이론을 창출하기 위해 기존의 '세계'를 변형시켰다.

2019년 8월 21일 강남에서 있었던 빅히트의 사업 계획 브리핑에 따르면, 빅히트는 '화양연화'의 스토리와 캐릭터들이 등장하는 드라마를 기획하고 있다. BTS 멤버들이 아닌 배우들이 BTS 캐릭터를 연기하는 또 다른 텍스트가 더해질 예정이다. 어떤 변화가 있을지, 이 드라마가 가져오는 변화가 기존 '화양연화' 서사의 의미를 어떻게 변화시키거나 완성시킬지, 기대를 창출하면서.

이런 트랜스미디어 전략은 먼저 북미에서 다양한 방식으로 산업화되어왔다. 반면 OSMU(One Source Multi Use), 즉 하나의 원작을 여러 가지 장르와 미디어로 각색하는 크로스미디어 전략을 근간으로 하는 한·중·일 동아시아의 문화 산업은 그동안 트랜스미디어 전략을 많이 개발하지 않았다. 그런데 최근 들어 국내에서도 원본에 충실한 각색이 아니라 변형, 확장에 대한 관심이 늘어나고 있다. 웹툰 원작의 〈미생〉을 드라마로 각색하며 내용이 변형되었던 경우와 아이돌 그룹 EXO가 데뷔 당시 EXO 유니버스를 구축하려 했던 경우가 대표적이다. 트랜스미디어 스토리텔링을 시도했던 이런 사례들과 비교할 때, BTS의 트랜스미디어 전략은 여러 가지 측면에서 단연 두드러진다.

BTS의 트랜스미디어 전략

몰리에르의 유명한 희극 〈수전노〉의 주인공은 글을 모르는 무식한 부자인데 그가 공부를 시작해 시와 산문의 차이를 이해하고 이렇게 외쳤다. "내가 항상 하던 말이 산문이었어!" 2018년 초, 내가 KBS 〈명견만리〉 녹화 당시 방시혁 대표를 만나 "대체 누가 빅히트에서 트랜스미디어를 총지휘하고 있느냐?"라고 물었을 때, 그는 이 용어를 모르고 있었다. 2015년부터 매우 앞선 트랜스미디어 전략을 실천하고 있었던 엔터테인먼트 회사 빅히트가 이 용어를 모르고 있었더라도, 이 용어가 지칭하는 서사 전략의 산업적 용도와 효과를 몰랐을 리는 없다.

하지만 이 책을 쓰는 2020년, 한국 엔터테인먼트 산업 전체에서 트랜스미디어란 용어가 쓰이고 있으며, 연예 기획사들은 트랜스미디어 전문가를 고용하기 위해 애쓴다는 말이 들린다. 불과 몇 년 사이에 한국의 대중음악계는 급속한 변화를 겪은 셈이고, 이 변화에 박차를 가한 것이 바로 빅히트다.

음악이 트랜스미디어의 세계로 들어온 계기는 무엇보다 문화의 디지털화다. 음원이 디지털 데이터로 변해 스트리밍이나 다운로드가 가능한 콘텐츠가 되면서, 전통적인 음반 시장은 급격한 변화를 겪게 되었다. 한국의 경우, CD 앨범의 판매량이 감소하기 시작한 것이 2000년 전후이고, 3년 후인 2003년에는 디지털 음원 매출이 CD 앨범 시장을 따라잡게 되었다. 국제음반산업협회(IFPI)의

2019년 보고서에 따르면 한국의 음반 시장 규모는 약 6억 달러로 미국, 일본, 영국, 독일, 프랑스에 이어 여섯 번째로 크다. 이 중에서 디지털 음원 시장 비중은 57%로(55%의 스트리밍과 2%의 다른 디지털 음원), 실물 음반 비중(40%)보다 크다. 이런 급격한 음원 스트리밍 서비스의 구독 증가와 앨범 판매량의 감소로 인해 음원 생산자와 유통자가 지니고 있던 경제적 독점은 무너졌고, 기존 음악계는 새로운 비즈니스 모델을 만들어야 했다. 디지털 혁명으로 인해 미디어 산업 전반의 시장은 확대되었으나 콘텐츠 자체가 과잉 생산되고 있는 데다 각종 불법 음원 유통 등으로 인해 과거와 같은 방식으로 음악을 제작하고 유통해서는 더 이상 충분한 수입을 얻을 수 없는 구조가 되어버린 것이다. 따라서 시청각 산물의 부가가치를 높이기 위한, 보다 창의적인 상업화가 필요하게 되었다.

사람들은 음악을 더 이상 CD가 아닌 스트리밍으로 듣고, 뮤직비디오는 유튜브에서 본다. 게다가 집에 CD플레이어가 없는 소비자들도 많고 이 숫자는 급격히 늘어나고 있다. 이런 미디어 상황에서도 대중음악 산업은 소비자가 실제 사용할 가능성이 높지 않은 CD를 사게 만든다. 단지 상업적 이익 때문만이 아니라 각종 음악 차트의 순위권 진입에서 CD 판매가 여전히 중요한 역할을 하기 때문이다.

이런 모순적인 상황에서 소비자가 앨범을 구입하게 하려면 앨범으로 음악을 듣는 것 외에 다른 보상을 주어야 한다. 음반은 매체라기보다는 대중예술 오브제에 가까워졌고, 음악 생산자가 음반이라는 오브제-상품에 새로운 가치를 입히는 작업이 핵심적으로 중요해졌다. 대중음악 산업의 주역이 엔터테인먼트 회사로 옮겨간 한국에서 음반에 다른 가치를 입히는 가장 쉽고 확실한 방법은 대중음악에 가득한 스타 아티스트들을 캐릭터로 만드는 일이다. 엔터테인먼트 회사의 자산인 아이돌들, 그들로 이루어진 그룹이야말로 서사를 생산할 최적의 재료였고, 이들을 주인공 삼아 적극적으로 트랜스미디어 서사를 생산하려는 회사가 드디어 등장한 것이다.

서구 대중음악계에서도 이런 전략의 사례를 찾아볼 수 있다. 예를 들어, 스파이스 걸스(Spice Girls)는 '걸 파워'라는, 시대에 맞는 콘셉트 아래 각각의 멤버들이 상징적인 외모와 별명을 갖고 활동했고, 이런 설정을 기반으로 책, TV 스페셜, 영화를 통해 교차 마케팅 전략을 펼치며 브랜드를 확장시켰었다. 원 디렉션(One Direction)의 경우 오디션에서 임의로 만들어진 그룹이었다가 팬들의 적극적인 지지로 보이 밴드로 결성되었다. 애초에 그룹의 결성 자체가 리얼리티 프로그램이라는 서사의 공간에서 이루어졌고, 팬들은 소셜미디어를 통해 더욱 적극적으로 그들의 이야기를 확장시켰다. 제작사는 팬들이 커뮤니티에서 공유하는 원 디렉션 멤버들 사이의 환상적인 관계 설정을 기반으로 마케팅 전략을 세우기도 했다. 한국의 〈프로듀스 101〉과 같은 육성형 오디션 프로그램들이 출연자들과 시청자들의 거리를 좁혀서 초기에 무명이었던 참가자들을 프로그램의 말미에 유명하게 만든 것과 같은 메커니즘인 셈이다.

육성형 오디션 프로그램은 참가자의 개인적 특성에 서사를 부여해 하나의 캐릭터로 발전시키기에 좋은 미디어 공간이다. 그렇지만 아티스트 개인의 서사가 하나의 세계관을 형성할 만큼 풍성하고 셀러브리티로서 화제성이 있어야 단순한 캐릭터 만들기가 아닌 트랜스미디어 전략을 사용할 수 있다. 개인의 서사가 없는 아티스트에게 억지로 이야기를 만들어 트랜스미디어 전략을 적용한다고 해서 성공이 보장되지는 않는 것이다. 기획사가 데뷔 시에 전적으로 기획해서 인공적인 스토리를 씌우려 했다가 실패한 EXO의 사례가 여기에 속한다.

그렇다면 어떻게 개인의 서사를 활용해 트랜스미디어 전략을 펼칠 수 있을까? 서구 음악계에서 엔터테인먼트 트랜스미디어 전략을 적용한 대표적인 사례는 비욘세(Beyoncé)다.

비욘세는 2016년 《Lemonade》 앨범을 발매하면서 한 시간 분량의 영화를 HBO 채널에 공개했다. 비주얼 앨범이라고 불리는 이 영화는 각 음악에 맞춰 11개의 챕터로 나뉘어 있으며, 그녀가 남편 제이지(Jay Z)의 불륜을 알고 나서 치유되기까지의 스토리를 시간 순으로 담았다. 각각의 노래와 11개의 비주얼 단편 사이에는 소말리아 출신 영국 시인인 워산 샤이어(Warsan Shire)의 시와 산문을 삽입했다. 샤이어는 흑인 여성의 인권과 아프리카 디아스포라의 고난에 대해 노래하는 사회적인 시인으로 잘 알려져 있다. 비욘세는 그녀의 시를 통해 자신이 경험한 배신과 흑인 여성의 고뇌를 감정적인 언어로 표현하고는 무너진 감정을 다시 회복하는 과정을 시의 운율과 함께 담았다.

이후 월드 투어에서도 비주얼 단편의 시각적 요소나 상징적인 미학을 다시 한 번 차용했다. 팬들은 이 앨범의 모든 요소, 즉 음악, 비주얼, 샤이어의 시, 패션 등을 적극적으로 소비했고 팬들이 찾은 제이지의 불륜에 관한 정보들이 잡지와 타블로이드에 넘쳐났다. 2017년 6월 30일 제이지는 새 앨범을 발매했는데, 많은 팬들은 그의 앨범이 비욘세의 앨범에 대한 답가라고 추측하기도 했다. 비욘세/제이지의 세계관이 그들의 음악으로 구현된 것이다.

이처럼 실제 인물을 트랜스미디어로 발전시킬 때, 현실 속의 이야기인 개인의 서사는 트랜스미디어 픽션처럼 일관성과 확장성을 동시에 지녀야 한다. 비욘세와 제이지의 결혼 생활의 서사가 실제로 있었기 때문에 팬들은 비욘세의 앨범 《Lemonade》가 나왔을 때, 더욱더 흥미롭게 앨범의 노래와 비주얼 단편의 스토리를 즐길 수 있었다. 만약 유명인으로서 비욘세의 서사가 없거나 약했다면 이처럼 큰 주목을 받지 못했을 것이다.

또한 트랜스미디어 음악에 담긴 메시지가 무엇인가도 매우 중요하다. 비욘세의 인생은 자극적인 소재만이 아니라 사회적 의미까지 결합된 일종의 메시지를 던져주었기 때문에 팬들은 그녀의 앨범을 소비하면서 더 깊은 의미를 추구할 수 있었다. 특히, 비욘세는 또 다른 세계관을 담은 외부 텍스트인 샤이어의 시를 통해 흑인 여성으로서 삶의 고뇌, 사랑과 배신, 가정의 붕괴 등 공감할

BTS의 음악과 영상
ⓒ BTS 공식 뮤직비디오 캡쳐

BTS 그룹 멤버들의 일상과 성장 서사
ⓒ BTS 공식 트위터

자연인 서사 ⓒ BTS 팬페이지
티스토리 https://bts-fanpage.tistory.com/35

BTS 트랜스미디어가 담고 있는 세 겹의 서사

수 있는 문제를 다루었기 때문에 팬들은 양쪽의 텍스트를 오가며 더욱 적극적으로 서사에 참여할 수 있었다.

비욘세의 사례가 보여주는 트랜스미디어 세계의 일관성과 확장성이 BTS의 서사에서 유사하게 발견된다. 단순히 BTS의 뮤직비디오 혹은 앨범에 삽입되는 트랜스미디어 픽션(이하 트랜스픽션)에 대한 설명인 'The Note'뿐만 아니라 그룹으로서 BTS의 성장 서사, 그리고 여러 매체에 공개되는 멤버 개인의 이야기에까지 팬들은 트랜스미디어 상품으로 접근하고 있다. 특히 수년간 연작으로 발매되는 앨범 속 개별 노래의 뮤직비디오를 종적·횡적으로 연결하는 스토리텔링 전략은 한국 대중문화뿐만 아니라 세계적으로도 전례가 없는 독특한 트랜스미디어 사례다.

세 겹으로 이루어진 BTS 트랜스미디어

BTS의 트랜스미디어 서사는 다음 사진처럼 세 겹으로 이루어져 있다. 첫 번째 이야기는 이 장의 시작에서 길게 언급한 '화양연화 on stage: prologue'에서 그 단초가 제시된다. BTS 텍스트 전체와 팬들의 적극적인 해석을 고려할 때, BTS 트랜스미디어가 만들어내는 세계관의 시작은 이즈음이고, 이는 최근의 《MAP OF THE SOUL: PERSONA》 앨범으로까지 이어진다.

'화양연화' 시리즈 이전에 발표한 학교 3부작(《2 COOL 4

SKOOL》(2013), 《O!RUL8, 2?》(2013), 《SKOOL LUV AFFAIR》(2014)
와 《SKOOL LUV AFFAIR SPECIAL ADDITION》(2014))과 정규 1집
《DARK&WILD》의 경우, 앨범의 이름부터 10대의 언어를 차용,
철저하게 학교생활에 갇혀 있는 10대의 꿈, 행복, 사랑을 겨냥했
다. 하지만 이 앨범들의 판매는 저조했고, 향후 '화양연화'부터 적
극적으로 전개될 BTS 서사 속으로 수용자들을 끌어들일 만한 내
용을 담고 있지 못했다. 이 주제로 석사 논문을 쓴 〈중앙일보〉 민
경원 기자는 이때를, 자연인으로서 각 멤버들의 정체성과 그룹 속
에서 멤버들의 캐릭터가 형성되는 기간이었다고 평가한다.●

　자연인으로서 멤버들의 개인사와 그룹 멤버로서의 캐릭터가
BTS 트랜스미디어 세계보다 시기적으로 먼저 형성되었음에도 불
구하고 이들을 이야기의 층위에서 첫 번째가 아니라 두 번째, 세
번째로 설정한 이유는 팬들이 이 이야기를 접하는 조건을 고려해
서다. BTS 트랜스미디어를 구성하는 세 개의 층위를 모두 파악하
고 이것을 하나의 거대한 서사로 보는 사람들은 첫 번째 뮤직비디
오부터 차례로 보면서 BTS의 트랜스픽션의 세계를 접한 방탄의
초기 팬들이다. 그런데 중간에 팬으로 진입한 대부분의 사람들은
BTS의 앨범들을 발매 순서에 따라 접하지 않고, 이미 구축된 서
사를 유튜브에서 시간적 선후와는 관계없이 접한다. 그 때문에 처
음에 그들은 이 뮤직비디오들이 하나의 트랜스픽션을 이루고 있

● 민경원, 〈방탄소년단 트랜스미디어 스토리월드 구축 전략〉, 한양대학교 융합산업
　대학원, 2018. 8.

음을 알지 못한다. 그러다가 그룹 멤버와 자연인으로서 일곱 청년 이야기에 익숙해지면서, 여기에 뮤직비디오가 새로운 의미의 층을 부가하여 하나의 트랜스픽션 세계를 형성한다는 것을 알게 된다. 즉 뮤직비디오를 통해 재현되는 서사가 BTS 트랜스미디어 구축에서 가장 핵심적 역할을 하는 층위이기 때문에 첫 번째 층위로 명한 것이다. 물론 이 층위의 순서를 뒤집는다고 해서 분석의 내용이 크게 달라질 것은 없다. 다만 뮤직비디오가 보여주는 픽션의 세계가 자연인과 멤버의 캐릭터가 단순히 누적된 결과가 아니라는 면에서, 오히려 픽션적 캐릭터를 통해 자연인과 BTS 멤버로서의 캐릭터가 확장·심화된다는 면에서 이를 첫 번째 층위로 삼는 편이 BTS 서사의 작동 방식을 훨씬 잘 구현한다.

좁은 의미로 트랜스미디어를 이해할 때 거론되는 것이 바로 첫 번째 층위인 몇몇 뮤직비디오에 등장하는 캐릭터들의 서사다. 이것을 팬들은 BTS의 세계(universe)라는 의미에서 BU라고 칭한다. 이 층위의 이야기 속에서 BTS 멤버들이 연기하는 캐릭터는 때로는 실제 멤버의 캐릭터와 유사하기도 하지만, 때로는 두 번째나 세 번째 층위의 현실 속 인물과 매우 다르게 책정되어 픽션적 성격이 더욱 강조된다. BTS 트랜스미디어는 정답이 없는 세계다. 보는 사람, 해독하는 사람의 경험치와 능력에 따라 세부 사항이 달라질 수도 있고 세계관이 확장 또는 축소될 수도 있다.

서로 다른 청춘의 굴곡이 있는 일곱 명의 젊은이는 학교생활을 공유한 친구다(이 부분이 학교 3부작에서 형성된 캐릭터와의 관계 효과다). 그중 누구는 손에 피를 묻히고, 누구는 자살 충동에 빠지는 등 고교 졸업 후에 조각난 그들의 삶의 이야기가 여러 앨범의 노래와 뮤직비디오에 흩어져 있다. 그렇기 때문에 이들의 앨범을 시간 순서대로 접한 팬들과 뒤늦게 팬이 되어 시간 순서 없이 접하게 되는 수용자에게 조각난 이야기들의 세계는 같은 의미를 지닐 수 없다. 이 장의 도입부에서 강조했듯이, 트랜스미디어는 완성된 텍스트로서 해독된다기보다는 각자가 경험하는 것이기 때문이다.

물론 첫 번째 층위의 이야기 전개에서 팬들이 동의하는 대략적 줄거리는 있다. 대표적으로 RM의 경우 첫 번째 층위의 서사인 BU에서는 가난 때문에 주유소에서 아르바이트를 하다가 결국엔 교도소까지 가게 되는 캐릭터를 연기한다. 이는 자연인 김남준과 BTS의 리더 RM의 서사나 성격과 전혀 맞지 않기 때문에 팬들은 BU 멤버의 캐릭터와 실제 RM의 모습을 분리해서 인지하게 된다. 반면 다른 멤버들의 경우는 두 번째, 세 번째 층위의 캐릭터와 크게 다르지 않고, 그 캐릭터의 이야기를 일부 간직하고 있는 것으로 해석될 여지가 크기 때문에 첫 번째 층위의 픽션에서 실제 BTS 멤버들의 삶을 유추해보게 된다.

이렇게 서사의 기초가 몇몇 뮤직비디오 영상으로 제시된 BU는 다양한 미디어 플랫폼을 통해 확장되고 있고, 전체 이야기의 조각은 여기저기 흩어져 있다. BU의 서사를 이해하기 위해 BTS 팬들은 집단적으로 BU의 해독에 참여한다. 마블과 DC의 영화 세계 (cinematic universe)로 대변되는 북미의 대중문화 트랜스미디어 소비에 익숙한 서구의 수용자들은 BU가 트랜스미디어임을 자연스럽고 적극적으로 받아들인다. 그래서 이 스토리를 설명하는 '이론'들을 생산해서 유튜브나 트위터 같은 소셜미디어에서 공유한다. 이렇게 형성된 세계관은 팬들이 팬픽션에서 자신의 욕망과 상상력을 펼치는 2차 이야기를 생산할 자료가 된다. 여기서 더 나아가 팬들은 위키 사이트나 블로그에 BU 세계관을 정리한 정전(Canon)을 만들고 단순히 이야기의 퍼즐을 푸는 단계를 넘어 자체적인 스토리를 발전시키기도 한다. 아예 소셜미디어에 대체현실 게임(ARG, Alternate Reality Game)을 만들어 놀기도 했다.

모든 팬들이 이처럼 복잡한 BU를 즐기는 것은 아니다. 일부 팬들은 갈수록 복잡해지는 세계관과 팬들이 쏟아내는 수많은 해석을 따라가기 버거워하기도 한다. 팬들과의 인터뷰에서 BTS 트랜스픽션 세계가 너무 어렵고 방대해서 따라가기 어렵다고 여러 명이 답했다. 동시에 상당수의 팬들이 뮤직비디오 트랜스미디어 세계를 온전히 이해하지 못해도 팬 활동을 하는 데는 어려움이 없다고 했고, 아예 이해를 포기한 사람도 많았다.

뮤직비디오를 이해할 수 없는 경우 다른 해석 비디오를 찾아보게 되고, 이 활동 자체가 BU와 팬덤으로의 진입로가 되기도 한다. BU가 제공하는 다양한 미학적 요소와 상징들, 그리고 추상적인 스토리라인은 팬들에게 적극적으로 해석에 참여할 공간을 마련해주기 때문이다. 대부분의 팬들이 정교하게 잘 짜인 스토리라인을 대단하다고 생각하고 어떤 가수도 그렇게 하지 않는다면서 이 점을 BTS가 현재 세계 대중문화 무대에서 지니는 차이점으로 인정하기도 한다. BTS가 오래전부터 일종의 서사를 만들어왔다는 것을 팬이 아닌 외부의 수용자가 이해하기는 어렵다. 그래서 BU는 팬들만이 알 수 있는 즐거운 놀이 공간이며, BTS가 활동을 하지 않을 때도 팬 커뮤니티가 자체적으로 스토리를 확장해가며 즐길 수 있는 장치이기도 하다.

이러한 팬덤 문화를 잘 이해하고 있는 빅히트는 BTS의 세계를 경험할 수 있는 새로운 서비스를 지속적으로 제공하고 있다. BTS 멤버들이 직접 디자인한 일곱 개의 캐릭터 인형으로 이루어진 'BT21'은 고유한 서사를 지니고 있고, 이들이 등장하는 애니메이션도 있다. 2019년 6월에 론칭한 모바일게임 'BTS World'의 서사는 게임 플레이어를 BTS 멤버들이 데뷔하기 직전으로 소환한다. 그러면 게임 플레이어는 일곱 명으로 이루어진 그룹을 데뷔시키기 위해 노력하는 매니저의 역할을 하게 된다. 자신이 선택한 멤버와 일대일로 소통하는 듯한 환상을 주는 인터페이스를 통해 BTS의 데뷔 서사를 따라가며 매니저의 역할을 수행한다. 아이돌 문화의 최애(bias) 시스템과 팬덤이 잘 이해하고 있는 BTS 멤버 개인의 캐릭터를 적극 활용하여 BTS 스토리에 몰입하도록 만드는 게임이다. 2019년 하반기에는 '화양연화'의 인물과 이야기를 시나리오의 원재료로 하는 드라마가 기획되고 있다.* 이밖에도 큰 성공을 거두지는 못했지만 직간접적으로 BU의 세계를 환기하는 여러 종류의 웹툰도 있어서 BU는 그야말로 다매체, 멀티플랫폼을 활용하여 변형·확장되고 있다.

두 번째 층위: BTS 그룹과 멤버들의 서사

두 번째 층위는 자연인 김남준, 김석진, 민윤기, 정호석, 박지민, 김태형, 전정국이 BTS의 멤버 RM, 진, 슈가, 제이홉, 지민, V, 정국이 되어가는 과정의 서사다. 유튜브 채널에 있는 BANGTAN BOMB(방탄밤), 브이로그(Vlog), 네이버의 VLIVE, 트위터, 콘서트, 팬미팅(Muster), 매해 열리는 데뷔 기념 콘서트(페스타),** Season's Greeting, Summer Package, 번더스테이지 다큐멘터리(멤버들의 무대 뒷모습을 보여주는 영상) 등을 통해 픽션 캐릭터가 아닌 BTS라는 그룹 멤버들의 이야기가 담긴 모든 콘텐츠가 이 세계를 구성한다.

BTS 서사의 핵심적인 스토리라인은 팀으로서의 성장이다. 그 안에서 멤버 개인의 이야기, 고민, 발전 등이 전개되고 멤버 간의 추억 같은 다양한 에피소드가 등장한다. 중소 기획사에서 힙합 하는 아이돌로 데뷔하면서 무시당하던 그룹에서 빌보드를 넘어 전

• 2019년 8월 21일 빅히트의 제1차 사업 설명회에서 방시혁 대표가 설명한 향후 빅히트의 사업 계획이다.

•• 매해 데뷔일인 6월 13일 근처에 마련되는 팬미팅과 여러 행사들로 이루어진 축제.

세계에서 인정받는 그룹이 되기까지의 과정이 그려지는 것이다. 특히 극심한 경쟁사회인 한국에서 학교 시스템이 아닌 아이돌의 길을 택했다는 것은 더욱 큰 불안과 자기 자신과의 싸움을 전제하는 것이어서, 이 과정을 고스란히 공개하고 있는 두 번째 층위의 이야기는 미래에 대한 불안과 자신감의 결여 등 유사한 개인적인 문제를 안고 있는 전 세계 팬들에게 언어의 한계를 넘어 어필하는 핵심적인 역할을 했다.

애초에 두 번째 이야기에는 현실에 기반한 창작자가 없다. 하지만 창작자가 없다고 해서 자연적으로 혹은 우연히 생겨난 이야기라고 할 수는 없다. 아이돌이라면 기본적으로 따라가는 설정과 역할 같은 소속사의 여러 지침 속에서 만들어진 캐릭터가 있기 때문이다. 모두를 이기는 실세 막내, 가장 구박받지만 마음 좋은 맏형, 무기력하고 예민한 멤버, 말과 행동을 이해하기 힘든 사차원, 한없이 밝고 귀여운 사람, 뭐든 만지면 부술 정도로 서툴지만 능력자인 멤버 등 일종의 고정 캐릭터와 역할이 전제되어 있다.

이런 캐릭터 구축은 팬과 시청자에게 일종의 시트콤 효과를 낸다. 시트콤에서 회를 거듭하며 반복되는 것은 캐릭터와 상황이다. 특정 캐릭터의 성격 자체가 일상 속에서 반복적으로 특정 상황을 만들어내기 때문에, 팬들이 아는 각 멤버의 캐릭터를 토대로 특정 상황에서 기대하는 반응과 행동이 실제로 발생할 때 즐거움을 선사한다. 일곱 멤버의 캐릭터를 잘 아는 팬들은, 반복되는 일상 속의 어느 순간에 RM이 또 무언가를 망가뜨린다거나, 뷔가 예상치 못한 말과 행동을 한다거나, 진이 아재 개그를 시도할 것을 기대할 수 있고, 실제로 멤버들이 그런 기대를 충족시키는 순간 그 콘텐츠를 BTS에 대한 자신의 이해력의 증거로 수용하여 더욱 큰 재미와 친근함을 느끼게 된다.

이 두 번째 층위에서 서사의 장르는 일종의 집단 전기(biography)다. 소셜미디어 플랫폼을 중심으로 유통되고 있지만 예능이나 연말 시상식, 영화 등 다양한 미디어 플랫폼 위에서 전개된다. 모든 콘텐츠를 시청하는 것은 불가능에 가깝고 모두 시청하지 않아도 BTS의 주요 서사를 따라가는 데는 큰 어려움이 없다. 하지만 모든 영상이 두 번째 층위에서 서사에 부가적인 정보를 제공하기 때문에, 팬들은 새로운 영상이 나올 때마다 적극적으로 공유한다.

팬들은 다양한 스토리를 여러 플랫폼을 횡단하며 찾아볼 뿐만 아니라 아미로서 서사에 참여하기도 한다. 애초에 BTS의 성장 서사가 그들의 팬덤인 아미와 함께 만들어가는 이야기이기 때문에 아미 자체가 하나의 캐릭터로서 서사에 참여하며, 핵심적 역할을 한다. 콘서트나 팬미팅에 참석하거나 주요 시상식에서 열렬히 응원하면서 콘텐츠의 주요 부분으로 참여하기도 하고, VLIVE나 팬카페에서 소통을 통해 서사를 함께 만들기도 한다. BTS도 아미를 향한 감사와 애정을 끊임없이 표현하며, 그들의 서사가 함께 이어져 있음을 상기시킨다.

BTS 텍스트를 이루는 비디오 중에 많은 것들이 공연 중에 팬들의 위치에서 찍은 영상들, 특히 가장 좋아하는 멤버의 움직임을 따라다니는 듯한 착각을 주는 개인별 공연 영상, 연습 장면, 방송 프로그램 출연 시 무대 뒤에서 녹화를 기다리며 장난을 치는 장면, 무대로 나가는 길, 출퇴근 장면, 공항 출입 장면 등이다. 특히 콘서트에서 팬들이 서로 다른 각도로 촬영하여 개별 멤버 위주로 편집한 영상이나 특정 멤버에 초점을 맞춘 사진들은 피사체에 대한 무한한 사랑을 지닌 팬들의 시선을 통해 생산되었기에 공식 이미지들보다 뜨겁고 아름다운 경우가 많다. 이런 영상과 사진들을 통해 팬들은 BTS 멤버들의 생활 속 특정 장면으로 들어가는 동시에, 아이돌 무대의 제작 배경과 무대 뒤의 모습을 제공받는다.

이렇게 생산되는 수많은 영상 속에서 팬들은 BTS 멤버 개개인의 성격과 매력은 물론 그룹으로서 성장해가는 과정에 대해 부가적 지식을 얻고 더 깊은 이해를 지니게 된다. 더 나아가 팬들은 BTS 콘텐츠를 주제나 인물에 맞게 재편집하여 소셜미디어에 배포하기 때문에, 이렇게 형성된 막대한 콘텐츠 속에서 새로운 팬덤이 유입될 수 있는 틈이 형성된다. BTS 멤버들이 흥겹게 노는 장면만을 편집한다거나 사투리를 하는 장면만을 편집한 팬비디오는 유튜브에서 우연히 해당 영상을 접한 시청자들까지 BTS의 세계로 유인할 만큼, 그 자체로 매력 넘치는 콘텐츠다. 또한 BU의 세계관이 복잡하더라도 팬덤이 적극적으로 편집한 설명판은 보다 쉽게 BTS 자체에 대해, 그리고 그들의 성격과 캐릭터에 대해 이해할 수 있게 해준다.

이처럼 팬의 참여가 서사를 이끌어가는 주요 요소가 되다 보니, 팬들은 더욱 적극적으로 BTS의 성공 서사에 개입하게 된다. 기꺼이 투표를 하고 라디오에 신청곡을 넣으며 음원 차트에서 상위권을 차지하도록 총공을 한다. BTS가 인기를 얻고 아미가 주목을 받을수록 이들의 적극적 역할 수행이 보상받는다. 결국 아미가 넓은 의미의 BU 속에서 BTS를 성장시키는 동력인 동시에 가장 중요한 주인공인 셈이다.

세 번째 층위: BTS 멤버들의 자연인 서사

BTS라는 그룹으로서의 성장 서사는 김남준, 김석진, 민윤기, 정호석, 박지민, 김태형, 전정국이라는 개별 자연인의 서사를 기초로 한다. 이들은 픽션 캐릭터가 아닌 실제 인물의 삶과 생각을 담은 서사의 주인공이다. 물론 BTS라는 정체성과 개인의 정체성이 완전히 분리되었다고 볼 수는 없다. 특히 중학교를 졸업하기 전에 연습생이 된 막내 전정국의 경우, "나의 내부에는 형들이 있다. 나는 형들이 키웠다"고 말할 정도로 자연인과 멤버로서 정체성의 괴리가 적다.

뿐만 아니라 BTS는 함께 숙식하며 연습하는 준비 기간을 길게 가졌고 또한 장시간 연습으로 유명한 그룹인 만큼 멤버들이 BTS가 아닌 개인으로서의 활동을 많이 하지 않는다. 그러나 '화양연화' 시리즈 이전의 개인 이야기들을 통해서도 드러났듯이, 개인의 독자적인 서사를 담은 세계관과 사생활의 서사가 있다. 일산 학원가에 노스탤지어를 느낄 정도로 공부를 잘했던 김남준, 할머니 손에서 자라서 아이돌이 아니었다면 농부가 되었을 거라는 김태형, 길거리에서 캐스팅될 만큼 잘생긴 대학생 김석진 등, 지금까지 멤버 개인이 BTS가 아닌 누군가의 아들 혹은 친구로서, 개별성을 지닌 아티스트로서 어떤 삶을 살았는지를 보여주는 이야기다.

이 세계에서 팬의 참여는 매우 제한적이다. 멤버들의 사생활에 적극적으로 참여하는 것은 스토킹이나 '사생팬'의 위험이 있기 때문이다. 하지만 BTS가 방문한 장소에 대한 정보를 알려주는 계정(방탄위치정보 @btsinfo1)과 같이 멤버가 트위터나 카페에 사진을 올리면 팬들의 협업으로 알아낸 해당 장소의 정확한 위치를 바로 공유하거나 멤버 가족의 소셜미디어를 팔로하는 등 참여가 이루어지고 있다. 하지만 팬들도 의식적으로 개인의 영역과 BTS의 영역을 분리해서 보는 경향이 있기 때문에 개인에게 해가 될 정도의 참여는 윤리적으로 거부하고 있다.

흥미로운 점은 앞서 언급했듯이 BTS 멤버로서의 캐릭터와 자연인으로서의 캐릭터가 노래 가사를 통해 밀접하게 연결되어 있다는 점이다. 자연인의 이야기가 이들이 직접 작사·작곡하는 노래 속에 반복적으로 표현되기 때문에 팬들은 슈가와 민윤기, RM과 김남준의 괴리를 크게 느끼지 않는다. 데뷔 초에 강력하게 형성된 힙합 정체성, 즉 멤버의 실제 경험이 녹아든 진실성 있는 음악을 한다는 전제가 BTS 멤버의 캐릭터와 자연인 캐릭터를 헷갈릴 만큼 근접시킨다. 제이홉이 춤을 배우기 위해 일본에 가서 영상을 올리거나, 음식을 좋아하는 진이 식당을 차린다고 해도 캐릭터와 사생활이 크게 엇나가지 않는다.

이런 개인의 서사가 중요한 이유는 이 지점이 바로 팬들이 멤버들의 진심(sincerity)을 느끼는 지점이기 때문이다. RM이 아닌 인간 김남준의 생각과 고민을 지속적으로 공유하면서 팬들은 자신이 좋아하는 멤버를 단순히 만들어진 이미지가 아닌 자신과 같은 인간으로 느끼며 유대감을 형성할 수 있다. 다음 장에서 자세히 살펴보겠지만 BTS는 강력한 세대 메시지를 전달하고 있기 때문에 이런 진실성을 유지하는 것이 매우 중요하다.

새로 BTS 팬이 된 사람들은 유튜브 플레이리스트를 따라 조각난 서사, 즉 때로는 뮤직비디오와 영상을 통해 트랜스픽션을, 때로는 각종 영상 조각을 통해 BTS 서사와 개인사를 표현하는 노래를 만난다. 공연, Vlog, SNS를 통해 셀러브리티로서 BTS 멤버의 캐릭터와 개인의 서사가 겹쳐져서 소비된다.

"저는 뮤직비디오를 통해 BTS 개인의 이야기를 본다고 생각해요. BTS가 점점 인기를 얻었던 2015년은 다시 돌아오지 않을 청춘의 시기이기도 하니까요. 캐릭터가 아닌 진짜 BTS로 보는 거죠. 그 부분에서 많은 청소년들이 공감한 거라고 생각해요. 그들은 우리에게 동반자 같은 존재예요."(Giuliana, 23세, 이탈리아, 베를린 공연장 인터뷰)

팬들에게 BTS 멤버들의 자연인으로서 개인 서사는 BTS 그룹의 서사와 BU의 픽션적 서사 층위와 결합하여 작동한다. 하지만 단순히 겹쳐 있는 것이 아니라 서로가 서로를 보완하는 동시에 독립적인 복잡한 구조로 형성되어 있다. 세 개의 서로 다른 수준의 스토리를 관통하는 매듭(node)들이 다양한 방식으로 세계관을 엮고 있기 때문이다.

래빗홀: 서로 다른 층위의 서사를 연결하는 매듭

서로 다른 이야기의 층위를 가로지르며 뚫려 있는 구멍을 트랜스미디어의 용어로는 래빗홀(rabbit hole)이라고 부른다. 래빗홀은 소설 《이상한 나라의 앨리스》에서 앨리스가 하얀 토끼를 따라가다가 현실 세계에서 이상한 나라로 미끄러져 들어간 것에서 빌려온 단어다. 래빗홀은 트랜스미디어에서 사용자가 현실에서 스토리의 세계로 빠져 들어가게 하는 진입점을 의미한다. 서구의 트랜스미디어에서는 주로 ARG(Augmented Reality Game)의 형식을 취해서 가상의 세계를 현실에서 경험하게 하는 방식으로 래빗홀을 만든다. 이야기의 수용자가 직접 특정 사이트에 들어가 퍼즐을 풀어야만 세계관의 새로운 스토리를 볼 수 있게 한다거나, 영화의 세계가 실제로 인식될 수 있는 이벤트를 만들어 관객을 적극적으로 끌어들이는 등의 여러 가지 방식이 있다.

방탄 천재전략
@genius_bts

석진이가 올린 꽃 스메탈도는 실존하는 꽃이 아니라고
해요 근데 그 전설의 꽃이 2013년 6월 12일에 한번 발
견이 됐었대요 그 도시 이름도 스메탈도 였다고 합니다
스메탈도에 관련된 인스타에 들어가게 되면 석진이 글
씨로 스메탈도의 꽃말이 적혀있어요

빅히트가 만들어낸 가상의 꽃 스메랄도 플라
워. BTS 트랜스미디어의 대표적인 사례다.
ⓒ 트위터 방탄 천재전략 @genius_bts

트랜스미디어에서 래빗홀은 가상과 현실의 경계를 없애고 수용
자가 극대화된 엔터테인먼트 경험을 하게 하는 장치다. '미드' 속
작가의 소설이 실제 출판되거나 '한드' 속 아이돌 그룹의 앨범이
실제 출시되는 식이다. 픽션 속 인물이나 단체가 실제 SNS 계정을
운영하는 식으로 픽션의 세계와 현실을 잇는 장치들이 사용되기
도 한다. 이 장의 도입부에서 내가 방문한 서울대 폐수영장에서의
몰입감이 바로 이런 경험이다.

트랜스픽션의 세계는 하나가 아닌, 여러 개의 래빗홀을 지닐 수
도 있고, 여러 가지 플랫폼에서 동시다발적인 래빗홀을 사용할 수
도 있다. BTS 트랜스미디어에서 래빗홀 역할을 하는 눈에 띄는 장
치들을 정리해보자.

첫째, BTS 트랜스미디어의 전략 가장 적극적이고 의도적인 래
빗홀 전략으로는 스메랄도 플라워가 있다. 뮤직비디오에 지속적

2018년 발매된 앨범 《LOVE YOURSELF 結 'Answer'》. BTS 트랜스미디어가 어떻게 앨범을 통해 구현됐는지 만나볼 수 있다. ⓒ BTS 공식 홈페이지

으로 나오는 스메랄도 플라워는 현실에는 존재하지 않는, 빅히트가 만들어낸 가상의 꽃이다. 빅히트는 블로그의 가짜 포스트와 트윗 등을 통해 이 꽃의 실재를 조작함으로써 팬들이 호기심과 현실감을 가지고 픽션의 세계로 빠져들 통로를 만들었다. 앞서 언급한 〈블레어 윗치〉와 유사한 가짜 뉴스 전략이지만 실제 팬들이 참여할 만한 부분은 별로 없기 때문에 별다른 후속 효과 없이 흥미로운 콘셉트로만 작용하고 있다. 〈전하지 못한 진심〉 등에도 '푸른 꽃'으로 등장하면서 BTS 트랜스픽션의 세계에서 상징적 역할을 하고 있다.

둘째, BTS의 뮤직비디오에 소개되는 현실 세계의 문학작품이나 상징들이 래빗홀이 된다. 팬들은 실제 그 책을 구입하여 읽을 뿐만 아니라 의미를 찾기 위해 커뮤니티에서 함께 일종의 퍼즐 게임을 하게 된다. 소설 《데미안》을 실제로 읽으면서 〈봄날〉의 뮤직비디오에서 이해할 수 없었던 상징들을 깨닫는 식이다. 또한 공식 영상의 로케이션을 찾아가는 BTS 투어를 한다거나 BTS가 여행한 곳을 따라가는 것도 팬덤이 자발적으로 만들어낸 래빗홀 효과를 지닌 경험이다.

셋째, 각 텍스트는 외부 텍스트 혹은 다음 서사를 기대하게 만들며, 팬들에게 '떡밥'이라고 불리는 '이스터 에그(easter egg)'를 가지고 있다. 이것은 부활절의 달걀 찾기처럼, 제작자가 작품 여기저기에 숨겨놓고 팬들에게 찾게 만드는 암시의 장치다. 떡밥은 다음 이야기에 대한 예고 혹은 수수께끼의 역할을 함으로써 무엇보다 이야기가 끊이지 않고 진행될 것임을 암시한다. 마블의 영화 세계에서 영화의 크레딧이 모두 올라간 뒤에 삽입되는 쿠키 영상이 바로 가장 노골적인 이스터 에그라고 할 수 있다. 미리 던져진 '떡밥'이 만드는 이야기의 틈은 팬들에게 그 서사의 세계를 즐겁게 향유할 공간을 제공한다.

BTS는 이런 떡밥을 콘텐츠 곳곳에 숨겨놓는다. MAMA 공연에 나온 단어들이 다음 앨범의 콘셉트를 보여준다거나, 유엔 연설의 키워드였던 'Speak Yourself'가 다음 투어의 주제였다거나, 연말 영상에서 했던 말을 주제로 다음 앨범의 곡이 나오는 식이다. 이처럼 BU에는 다양한 진입 지점이 있는 데다 일단 들어가면 해독해야 할 수많은 '떡밥'들, 상징들, 이야기의 조각들이 촘촘히 얽혀 있다.

넷째, 가사와 공연을 통해 드러나는 일곱 멤버의 캐릭터 자체가 세 가지 층위를 관통하는 래빗홀 역할을 한다. 트랜스픽션만으로 이루어진 기존의 트랜스미디어 프랜차이즈와 달리, BTS의 경우 멤버가 실제 존재하는 인물이기 때문에 스메랄도와 같은 가상의 래빗홀이 없어도 팬들이 현실감을 느낄 방법은 많다. 이들은 허구의 인물이 아니기 때문에 팬들은 콘서트나 팬미팅에서 멤버들을 만나고 만지고 대화할 수 있다.

3층으로 이루어진 세계관을 가장 확실하게 연결하는 다섯 번째 래빗홀은 바로 BTS의 노래라고 할 수 있다. 〈전하지 못한 진심〉은 트랜스픽션 세계의 서사를 그대로 가사에 적용한 경우이고, 〈이사〉, 〈어른아이〉, 팬 헌정곡인 〈둘! 셋!〉, 〈Magic Shop〉, 〈낙원〉 등은 그룹의 서사와 직접 연결되는 노래이며, 〈First Love〉와 같은 노래는 개인의 이야기를 담고 있다. 서사 층위가 구분되는 노래도 있지만 하나의 노래에 여러 가지 세계관이 함께 들어가기도 한다. 예를 들어 제이홉의 〈MAMA〉는 세 개의 스토리를 관통하는 가장 적합한 예시다. BU 서사 속에서 엄마의 부재를 겪는 정호석은 실제 개인의 서사에서도 꿈을 위해 엄마와 떨어져 지내야 했다. 이후 BTS가 되어 엄마를 기쁘게 해준다는 스토리는 그의 성장 서사와 중첩된다. 진 또한 여섯 인물의 파국을 막는 BU 속 김석진의 설정을 따라가면서 자신의 꿈은 BTS로 남는 것이라는 개인적인 생각 등을 가사에 녹여낸다. 정국이도 BTS의 막내인 자신에게 형들의 의미가 무엇이고 자신이 어떻게 새로 시작하게 되었는지 노래하는데, 이것 또한 BU의 세계관과 연결된다. 따라서 BTS의 노래 가사는 다중 세계의 경계를 흐리게 만들어 서로 중첩적으로 작용하게 하는 핵심적인 래빗홀이라고 할 수 있다.

LYS(LOVE YOURSELF: SPEAK YOURSELF) 앨범과 투어에서 볼 수 있었던 각 멤버의 캐릭터가 두드러지는 개인 노래를 통해 어떻게 세 개의 층위가 한데 만나는지 살펴보자. 《LOVE YOURSELF 結 'Answer'》(2018)는 26개의 트랙으로 구성된 길고 중요한 앨범으로, BTS의 명성을 확고히 굳힌 여러 히트곡을 한데 담고 있다(〈DNA〉, 〈FAKE LOVE〉, 〈IDOL〉, 〈전하지 못한 진심〉, 〈MIC Drop〉 등). 2018년 8월에 시작된 동명의 월드 투어는 이 앨범의 히트곡들을 선보일 뿐만 아니라 BTS의 역사에서 중요한 이전의 곡들, 특히 멤버 모두의 선별된 솔로 퍼포먼스로 공연의 의미를 두텁게 만들었다. BTS 멤버 중에 특별한 위치를 차지하는 진(석진)과 공연에서 남다른 퍼포먼스를 보여주는, 다시 말해 온라인 관찰과 앨범에서 보지 못했던 또 다른 공연 텍스트를 더하는 뷔(태형)의 노래와 공연의 사례를 분석해본다.

진의 〈Epiphany〉

26곡으로 이루어진 긴 앨범의 한가운데 자리한 13번 트랙은 진이 부르는 〈Epiphany〉다. 아이돌 그룹의 노래 제목이 한국어로 번역도 어려운 종교 용어 '공현대축일(epiphany)'이라니, 과연 어떤 의도로 빅히트는 이런 제목의 곡을 진의 목소리로 부르게 하는 걸까?

공현은 기독교에서 동방박사가 예수의 탄생을 기념하기 위해 마리아와 요셉을 방문한 사건, 즉 이들이 방문과 경배를 통해 구유에 담긴 아기가 신의 아들임을 알아봄으로써 그의 신성이 인정되고 드러나게 된 사건을 지칭한다. 기독교는 예수의 신성에 대한 믿음 위에 세워진 것이기에 그의 신성을 현세에서 확인해주는 이들의 방문은 중요한 의미를 지닌다. 따라서 이 말이 종교적 맥락 밖에서 사용될 때는 어떤 진리의 갑작스러운 깨달음, 그 진리의 확고한 출현을 의미한다고 볼 수 있다.

참 이상해/분명 나 너를 너무 사랑했는데(사랑했는데)/뭐든 너에게 맞추고/널 위해 살고 싶었는데//그럴수록 내 맘속의/폭풍을 감당할 수 없게 돼/웃고 있는 가면 속의 진짜 내 모습을 다 드러내//(후렴)I'm the one I should love in this world/빛나는 나를 소중한 내 영혼을/이제야 깨달아/so I love me/좀 부족해도 너무 아름다운 걸/I'm the one I should love//(흔들리고 두려워도 앞으로 걸어가)/(폭풍 속에 숨겨뒀던 진짜 너와 만나)//왜 난 이렇게/소중한 날 숨겨두고 싶었는지/뭐가 그리 두려워/내 진짜 모습을 숨겼는지//(후렴)//조금은 뭉툭하고 부족할지 몰라/수줍은 광채 따윈 안 보일지 몰라/하지만 이대로의 내가 곧 나인 걸/지금껏 살아온 내 팔과 다리 심장 영혼을. (BTS, 〈Epiphany〉, 《LOVE YOURSELF 結 'Answer'》, 2018)

진은 이 노래에서 스스로를 부족하다고 생각해서 사랑하지 못
하고 주변에 맞추려고만 노력했던 지난날이 얼마나 기만적인 것
인지를 깨달았다고, 그래서 진짜 사랑해야 하는 대상은 '부족하지
만 아름다운 나'라고 노래한다. 이 노래의 뮤직비디오는 언제인지
시간이 불명확한 흑백의 거실에 혼자 앉은 진을 거의 움직임 없이
정적으로 보여준다. 앨범 발매에 앞서 노래들이 하나씩 유튜브에
공개되었을 때, 많은 팬들이 이 노래를 들으며 눈물을 흘리는 리
액션 비디오를 올렸다.

노래 자체가 'LOVE YOURSELF' 앨범의 핵심 메시지를 담고
있어서 BU 전체를 모르는 일반인들에게도 감동적으로 다가올 수
있다. 즉 개별적으로 완성도가 있는 동시에 BU의 세계로 열려 있
는 텍스트인 셈이다. 그런데 BU를 알고 BTS의 두 번째, 세 번째
층위의 서사를 알고 있는 팬들에게 이 노래는 이런 각성에 도달하
기까지의 지난한 과정을 상기시키기 때문에, 더 큰 감정 속에 파
묻히게 된다. 이 과정은 모든 청년들이 감정이입할 수 있는 보통
명사로서의 '각성'이지만, 진이 노래하는 순간 BU 속에서 진이 연
기하는 인물, BTS 멤버로서의 진, 자연인 석진의 여러 이야기가
교차하면서 진이 최애인 팬들이라면 오열하지 않을 수 없게 된다.

진은 외모로 눈에 띄어 거리에서 캐스팅된 것으로 알려져 있다.
평범한 대학생에서 갑자기 연예기획사의 연습생이 된 진. 자기보
다 어린 멤버들로 이루어진, 미래가 불투명한 그룹의 연장자로서
그는 심리적, 신체적으로 많은 고생을 해야 했다. 가수 오디션 출

신이 아닌 그가, 이 정도로 노래하는 가수가 되기까지 얼마나 힘든 노력을 했는지 우리는 알 수 없다. 진은 그룹에서 가장 춤을 못추는 두 사람으로 찍혀서 리더인 남준과 매번 놀림의 대상이 되곤한다. 우스개처럼, "월드와이드 핸섬"이라고 자신을 소개하여 듣는 사람 모두를 웃게 하는 멤버이자 넓은 어깨로 동생들에게 떡국을 끓여주고 도시락을 싸주는 큰형의 역할을 한다.

일곱 명의 예민한 젊은이들이 24시간 함께 지내는데, 아무리 BTS라지만 어떻게 늘 좋은 날만 있겠는가. 그는 시도 때도 없이 아재 개그를 날리며, 유난히 허허거리고 털털 털어버리는 모습을 보이는 맏형의 역할을 한다. BTS 멤버 중 유일하게 대학을 다니다가 그 길을 버리고 아이돌의 길을 택한 그는 데뷔 전에 불안했을 때와 데뷔 후에 성공의 길이 보이지 않았을 때 참으로 어두운 시간을 보냈어야 했을 것이다.

언젠가의 인터뷰에서 그리고 어머니에게 헌정한 노래 속에서 그가 말했다. "전에 어머니가 친구분들과 대화하며 모두가 자식 자랑을 할 때, 아무 말도 못 하고 계셨다. 어머니에게 너무나 죄송했다"고. 이제 무엇보다 어머니가 자랑할 수 있는 아들이 되어서 행복하다고. 멤버들이 스스로 작곡을 하고 가사를 쓰는 힙합의 정체성을 지닌 아이돌 그룹의 멤버이지만 그는 애초에 작곡에도 작사에도 춤에도 특별한 재능을 지니지 않았다. 외모로 캐스팅되었다지만 한국 아이돌 시스템의 특수한 역할인 공식 비주얼 담당도 뷔에게 놓쳐버린 서브 보컬인 것이다.

그런 위치의 진이 "이제야 깨달아/so I love me/좀 부족해도 너무 아름다운 걸/I'm the one I should love"라고 노래할 때, 그의 성찰 과정에 자신을 동일시하는 수많은 청춘들이 공감하고 함께 눈물을 흘린다. 인터뷰한 팬들 중 유독 남자 팬들이 그를 최애라고 많이 밝혔던 것도 흥미롭다. 재능 넘치는 멤버들 사이에서 인간적인 노력으로 자신의 역할과 자리를 찾은 부드러운 심성의 남자 진이 보여주는 남성성에 이 시대의 많은 청년들이 응답하고 있다. 그리고 BTS도 진의 목소리를 빌려서 그들의 핵심적 메시지인 '스스로를 사랑하라'를 전파하고 있는 것이다. BTS의 머리가 리더인 RM이라면 가슴은 진이라고 생각한다.

이처럼 하나의 노래에 세 가지 층위의 캐릭터와 서사가 겹쳐지면서 폭발적인 BTS 효과가 생산된다. 이 시대 청춘의 불안과 우울과 자기혐오를 극복하고 드디어 부족한 스스로를 사랑해야 한다는 깨달음에 도달한, 그리고 팬들을 이런 각성으로 유도하려는 BU의 지향점이 이 노래에 응축되어 있다. 이 깨달음은 이 세대에게 '공현'이라고 불릴 만큼 종교적인 것이다.

뷔의 〈Singularity〉

이 노래는 'Intro: Singularity'라는 제목으로 BTS의 《LOVE YOURSELF 轉 'Tear'》 앨범의 컴백 트레일러로서 2018년 5월 7일

발표되었다. 처음 이 노래의 제목을 듣고 믿기지 않았다. 아이돌 노래, 아니 대중과 소통해야 하는 가요의 제목이 '특이점'이라고? 우리가 인공지능의 세계를 이해하면서 그것이 가져올 미래의 한 지점, 즉 인공지능이 인간의 지능과 통제를 넘어서는 지점을 일컫는 이 용어를 이중적인 의미로 사용한 것일까? 아니면 이전에 쓰던 대로 수학에서 무한대의 가치를 지닌 한 지점을 가리키는 말로 썼을까? 아니면 우주 속의 유일자라는 철학적 의미일까? 이 모두를 넘어 기존 BU와의 관계에서 어떤 상징성을 지닐까? 의문이 꼬리를 물었다. 게다가 이 노래는 BTS 멤버 중에 '사차원'이라고 불리는 뷔(태형)의 솔로곡이다. 곡의 가사를 RM이 썼다니 자연인 김태형의 서사가 반영되었다기보다는 BU의 세계에 난해한 상징을 더하는 역할과 BTS 멤버로서 뷔가 수행하는 역할이 교차된 곡일 거라고 추정할 수 있었다. R&B 계열의 느리고 몽환적이고 최면적으로까지 들리는 멜로디의 가사는 아래와 같다.

무언가 깨지는 소리/난 문득 잠에서 깨/낯설음 가득한 소리/귀를 막아보지만 잠에 들지 못해//목이 자꾸 아파와/감싸보려 하지만/나에겐 목소리가 없어/오늘도 그 소릴 들어//또 울리고 있어 그 소리가/이 얼어붙은 호수에 또 금이 가/그 호수에 내가 날 버렸잖아/내 목소릴 널 위해 묻었잖아//날 버린 겨울 호수 위로/두꺼운 얼음이 얼었네/잠시 들어간 꿈속에도/나를 괴롭히는 환상통은 여전해//나는 날 잃은 걸까/아니 널 얼은 걸까/나 문득 호수로 달려가/그 속엔 내 얼굴 있어//부탁해 아무 말도 하지 마/입을 막으려 손을 뻗어보지만/결국엔 언젠가 봄이 와/얼음들은 녹아내려 흘러가//Tell me 내 목소리가 가짜라면/날 버리지 말았어야 했는지/Tell me 이 고통조차 가짜라면/그때 내가 무얼 해야 했는지(BTS, 〈Intro: Singularity〉, 《LOVE YOURSELF 轉 'Tear'》, 2018)

여러 번 읽어봐도 무슨 뜻인지 잘 들어오지 않는 가사인데, 이 노래의 뮤직비디오는 뷔의 자아가 분열 상태임을 보여주는 여러 연출이 등장해서 더욱 호기심을 자극한다. 여성의 재킷 속으로 들어간 그의 오른손이 그의 왼쪽 어깨를 만지고 있다거나, 수많은 가면들 중 하나가 그의 얼굴에 씌워진다거나. 뷔는 수많은 가면들과 함께 흔들리는 정체성을 불안하고도 환상적인 목소리로 노래한다. 팬들의 설왕설래가 있었지만 상당히 정리된 설명에 따르면, 가사는 겨울의 얼어붙은 호수를 그리고 있지만 실은 자아분열 또는 자신의 이미지에 반하는 나르시스적 상태의 자아상을 그리고 있다는 것이다.● 이런 설명은 BTS 멤버로서 예상 밖의 답변과 행동으로 사차원이란 별명을 얻은 뷔의 캐릭터와 공명한다.

팬들은 이 곡을 '화양연화' 시리즈에서 《WINGS》를 거쳐 'LOVE YOURSELF' 시리즈로 이어지는 BU와 연결하여 해석했다. 뮤직비디오 〈I NEED U〉에서 아버지를 죽인 태형이 꿈에서

● 세계 최대 가사 사이트 미국 지니어스(genius.com)의 〈Intro: Singularity〉 코멘트 중. (https://genius.com/V-bts-intro-singularity-lyrics)

〈Singularity〉 뮤직비디오 캡쳐. 뷔는 손에 스메랄도 꽃을 들고 자아의 분열을 상징하는 여러 개의 가면
과 함께 등장한다. ⓒ BTS 공식 뮤직비디오 캡쳐

깨어나 그 현장에 홀로 있는 장면이라는 것이다. 팬들은 'LOVE YOURSELF' 시리즈에 실린 다른 멤버들의 솔로 곡들에 대해서도 모두 BU와의 관련성 안에서 '이론'을 만들어갔다. 가요의 제목으로는 특이한 지민의 〈Serendipity〉(뜻밖의 발견), 정국의 〈Euphoria〉(극도의 행복감), 그리고 앞서 분석한 진의 〈Epiphany〉. 이들의 역할은 그 자체로 완결성이 높은 BTS 멤버들의 솔로 곡으로서 이들이 연기했던 BU의 캐릭터와 BTS 멤버로서의 정체성이 동시에 녹아드는 이벤트로 소통되었다.

이들의 'LOVE YOURSELF' 월드 투어 공연 퍼포먼스는 BU의 세계에 새로운 의미를 더하는 매우 강력한 것이었다. 공연장에 갈 수 없었던 팬들도 공연장에서 관객이 찍어 업로드한 수많은 영상을 통해 각 멤버의 퍼포먼스를 충분히 볼 수 있었고, 이 순간들은 각 멤버의 서로 다른 층위에서의 서사와 정체성을 한순간에 통합하고 환기하는 매우 특별한 경험을 제공했다.

춤선이 아름답기로 유명한 지민의 〈Serendipity〉 퍼포먼스는, BU 속의 지민 캐릭터가 병원을 거친 후에 새로운 세계를 발견한 것이라는 이야기 배경 속에 잘 녹아들어 이 월드 투어의 하이라이트로 편집되어 돌아다녔다. BU에서 빌딩 옥상에서 몸을 던진 정국의 캐릭터가 새로운 세계를 만들어 그 속에서 극도의 행복을 느낀다는 〈Euphoria〉의 공연 퍼포먼스에서, 정국은 멤버 중 유일하게 기구를 타고 스타디움을 날아다닌다. 보컬 라인이 이처럼 평행 세계나 정체성 내부로의 침잠과 분열, 자아도취를 노래한다면, 랩 라인의 세 멤버인 RM과 슈가, 제이홉은 차례대로 〈Trivia 承 : Love〉, 〈Trivia 轉 : Seesaw〉, 〈Trivia 起 : Just Dance〉를 불렀다. 훨씬 현실적인 고민거리와 즐거움을 노래하는 곡들이다.

하지만 'LOVE YOURSELF' 월드 투어 공연에서 가장 눈길을 끈 것은 단연 뷔였다. 솔로곡 〈Singularity〉가 아마도 그에게는 아티스트로서 어떤 '특이점'에 다다른 사건으로 기록될 것이다. 소매가 길고 넓은 의상 덕분에 움직임이 더욱 크게 느껴지는 안무에 어둠 속에서 흰 가면을 든 백댄서와의 미장센을 통해 뷔는 솔로 공연 자체의 미적 수준을 뮤직비디오보다 훨씬 높게 끌어올렸다.

공연은 멤버들의 체력을 안배하기 위해 군무와 솔로 곡들이 조화롭게 섞여서 진행되며, 여러 편의 영상을 통해 미디어아트적이고 때로는 단순한 스타의 이미지를 재현하는 볼거리를 제공했다. 이번 LYS 공연의 도입부에는 각 멤버가 2인 1조로 찍은 아름다운 세 세트의 소개 영상과 뷔의 단독 영상이 거대한 스크린에 투사되었다.

화려한 가운을 입은 뷔는 잎사귀 없는 나무와 꽃들이 있는 어떤 시공간 속에 있다. 카메라는 그의 눈, 코, 입, 손의 느린 움직임을 클로즈업하며 미끄러진다. 그의 머리는 비현실적인 붉은색으로 염색되었고, 무결점의 얼굴 또한 비현실적으로 아름답다. 내가 기억하는 한, 대중문화 속에서 남성의 얼굴을 이런 카메라 움직임을 통해 이토록 관음적으로 촬영한 것을 본 적이 없다. 20세기 초반 할리우드의 흑백영화 시절에 루돌프 발렌티노를 선두로 클라크 게이블, 로버트 테일러 등 초대형 미남 스타들의 얼굴이 여성 관객에게 즐거움을 주려는 목적으로 당시 영상 기술과 조명에 기대어 뽀얗게 클로즈업된 적이 있지만, LYS 공연에서처럼 뷰티 테크놀로지와 연출을 총동원해서 남자 스타의 아름다움을 찬양하는 영상은 본 기억이 없다. 대중 미디어가 세계에서 제일 잘생긴 얼굴로 선정하곤 하는 한국인 뷔의 얼굴이 어떤 서사를 만들어내고 있는지는 이 책의 6장에서 다룰 것이다.

팬들의 참여로 완성되는 BTS 트랜스미디어

앞서 '화양연화' 시리즈 이후 뮤직비디오들과 앨범 속의 'The Note'를 통해 발전된 BU가 어떻게 두 번째 층위인 BTS 멤버의 서사, 그리고 세 번째 층위인 자연인 서사와 중첩되는지, 그리고 특정 노래의 가사와 공연의 퍼포먼스가 어떻게 세 가지 층위의 이야기를 동시에 가로지르는지 나의 경험을 동원하며 설명했다. 공연 현장에서 만난 팬들은 빅히트가 발전시키는 BU 속의 상징들에 매우 민감하고, 회사가 절묘하게 사용하는 여러 떡밥에 적극적으로 반응한다. 특히 해외 팬들은 이미 북미의 문화 산업이 발전시켜온 트랜스미디어 형태의 콘텐츠를, 팬 공동체 내부에서 소통을 통해 소비하는 데 익숙하기 때문에 더욱 BU가 제공하는 복합적인 서사에 빠져드는 것으로 보였다.

"제 생각에는 팬들이 참여할 수 있게 해주는 것 같아요. 그렇게 연결되어 있는 무수한 콘텐츠가 있다면 팬들은 그걸 이해하기 위해 함께 해석하게 되고 해석 비디오를 만들어 공유하게 되는 거죠. BTS의 새로운 비디오가 나오면 그전에 나온 해석과 얼마나 연결되는지 찾아보게 돼요. 그렇게 예전 비디오도 다시 찾아보는 거죠." (Tanja, 24세, 오스트리아, 베를린 공연장 인터뷰)

해외 팬들은 BTS의 서사가 전개되는 한국이라는 장소와 문화를 모르기 때문에, 자연인 이야기를 포함한 세 가지 층위의 서사 전체를 가상의 이야기로 느끼는 듯하다. 그래서 한국이라는 나라와 문화에 대한 지식을 적극적으로 습득하면서 BTS의 세계를 가상에서 현실로 가져오려고 노력하게 된다. 또한 해외 팬들은 국내 팬들과 달리 한국어에서 외국어로의 번역을 통해 BTS를 만나기 때문에 필연적으로 가사의 메시지를 유심히 듣게 되고, 그 결과 BTS 트랜스미디어에 더욱 민감해진다. 한국 팬들이라면 잘 들리지 않아서 그냥 지나쳤을 가사의 디테일을, 해외 팬들은 번역을 통해 이해하기 때문에 가사에 초집중할 수 있고 BTS가 전하려는 메시지를 오독 없이 이해하게 된다. 가사가 난해한 경우, 이것을 트랜스미디어로서, 즉 기존 텍스트와의 관계 속에서 이해하기 위해 팬 공동체 내에서 질문하면서 집단적으로 뜻을 이해하기 위해 협력한다. 이런 과정을 통해 BU, 즉 첫 번째 층위의 트랜스픽션뿐만 아니라 BTS가 세 가지 층위를 통해 전달하는 메시지에 적극적으로 반응하게 된다.

이러한 BTS 트랜스미디어 서사는 BTS의 과거 앨범들이 계속 판매되고 오랫동안 차트에 남아 있도록 영향을 미친다. BTS 팬덤에 뒤늦게 합류한 팬들이 트랜스미디어 서사를 발견하면서 이 서사의 기원과 발전 과정을 알 수 있는 지난 앨범들의 가치를 유지해주기 때문이다. 사실 BU 속으로 들어가지 않더라도 해외 팬들에게 BTS의 노래들은 하나의 퍼즐이다. 예를 들어 〈땡〉이라는 노래를 이해하기 위해서 팬들은 한국의 화투놀이를 공부해야 했다.

이 노래가 나오자마자 복잡한 가사를 분석하고 해석해주는 비디오가 생겨났고, 팬들은 한국의 전통 게임과 노래 가사가 이중으로 비틀어서 사용하는 화투놀이의 여러 규칙에 대해 배움으로써, BTS의 세계는 가상에서 현실로 내려오게 되었다.

소속사인 빅히트는 팬의 적극적인 참여가 BTS 트랜스미디어를 완성한다는 것을 잘 알고 있기 때문에, 팬들의 참여를 전제하는 트랜스미디어 이벤트와 플랫폼을 더해가는 중이다. 2019년 2월 21일에 빅히트가 발표한 '아미피디아(Armypedia)' 프로젝트는 ARG 인터페이스를 통해 BTS 디지털 아카이브를 아미와 함께 만들어보는 기획으로, 아미의 속성을 빅히트가 매우 잘 파악하고 있음을 드러낸다. 아미와 위키피디아가 결합된 이벤트의 명칭 자체가 아미가 만드는 BTS 아카이브라는 뜻을 지녔다.

전 세계 일곱 개 대도시와 온라인 공간에 온·오프로 2080개(데뷔부터 게임 당시까지의 일수)의 엔트리 QR코드가 뿌려지고 팬들은 자신이 찾아낸 QR코드의 날짜를 대표하는 BTS의 추억 콘텐츠를 선정해 업로드할 권한을 갖게 된다. 한마디로 팬들이 함께 2080개의 기억이 모인 아카이브를 만드는 커뮤니티 게임인 것이다. 이 것은 ARG게임에서 현실세계에 던져진 문제를 풀기 위해 커뮤니티가 나서는 것과 같은 인터페이스로서, 팬들은 즐겁게 이 놀이에 응답했다. 이 이벤트를 통해 세 개의 층위로 구성된 BTS의 서사는 종횡으로 관계를 맺게 되었다. 전 세계 대도시에 무작위로 뿌려진 QR코드를 찾는, 이 거대한 게임에 대해 빅히트는 오직 "빅히트와 아미만이 벌일 수 있는 전 지구적 게임"이라고 평가했다.

이와 같은 트랜스미디어의 구축은 많은 팬들이 입을 모아 말하는 BTS의 특별한 점이다. 그런데 이것은 일종의 기획이기 때문에 유능한 기획자라면 흉내 낼 수도 있는 기술적인 것이다. BTS를 특별하게 만드는 것은 그들의 메시지다. BTS의 노래는 대부분의 팝 음악과는 다르게 러브스토리가 아닌, 사회적인 이슈와 세대가 공감할 만한 보편적인 고뇌를 담고 있다. BTS는 스스로 앨범을 제작하고 직접적인 경험에 기초한 강력한 자기애의 메시지를 전달하기 때문에 청년들뿐 아니라 중년 팬들까지로 확장성을 지닌다. 이런 이해의 정점을 찍은 BTS의 유엔 연설은 사람들에게 음악을 사랑하고 좋은 사람이 되라고 권장한다. 그 결과 BTS 팬으로서 성적이 향상되고, 주변 사람들을 돌보며, 긍정적인 인생관과 세계관을 지니게 되었다는 경험담들이 쏟아져 나왔다.

"남준이의 유엔 연설을 들었을 때 BTS가 전 세계에 미치는 영향력에 대해 생각해봤어요. 그들은 단순히 케이팝 그룹이 아니에요. 그들은 음악으로 엄청난 것들을 이루었죠. 그게 저를 움직이게 만들어요. 그들의 음악은 동기를 부여해요."(Alessandra, 24세, 이탈리아, 베를린 공연장 인터뷰)

"그들이 보내는 메시지는 스스로를 사랑하고 주변을 사랑하라는 거예요. 뿐만 아니라 BTS를 사랑하는 사람들의 마음을 제일 우선시한다

는 사실 자체가 너무도 훌륭하고 긍정적이에요. 다른 아미들도 나를
더 좋은 사람으로 만들어줍니다. 덕분에 인생을 보다 긍정적으로 바
라볼 수 있게 됐어요."(Laura, 20세, 크로아티아, 베를린 공연장 인터뷰)

팬들은 BTS 멤버들이 엔터테이너이긴 하지만 쇼의 모습과 현실
의 모습이 동일한 실제 인물로서 다가오는 것은 멤버들의 진정성
때문이라고 말한다. 팬들이 BTS를 설명할 때 가장 자주 나오는 단
어가 '근면한(hardworking)'과 '진실한(genuine)'이었다.

"BTS가 가장 유명한 이유는 그들이 자신의 진짜 모습을 보여주기
때문이에요. 리얼리티 쇼를 보거나 비하인드 영상을 보면 항상 똑같아
요. 연기하고 있지 않아요. (…) BTS의 랩에는 세상을 더 나은 곳으로
만들거나 서로 존중하자는 메시지가 담겨 있어요. 그들은 아이돌이에
요. 힙합 아티스트가 되기 위해 힙합 컬처에 속할 필요가 없어요. 그들
은 여기에 있는 힙합 아티스트 절반보다 훨씬 나은 걸요."(Tyler, 27세,
미국, 포트워스 컨벤션 센터 앞 인터뷰)

더 나아가 대부분의 팬들은 다양한 음악 스타일을 수용하는 것
에 대해 '상관없다'고 했다. 팬들이 중시하는 것은 이들이 현실 속
의 자아와 사회적 맥락과 맺는 관계, 즉 세 개의 서사 층위를 관통
하는 메시지와 일관성이기 때문이다.
이처럼 팬들을 BTS 트랜스미디어의 수용자로 만드는 것에 성

공한 빅히트의 산업적 미래는 밝다. 2019년만 해도 대주주인 넷마블사가 아이돌 캐릭터 육성 인터페이스로 구현한 'BTS World'를 선보였다. 2019년 8월 21일 빅히트의 사업 설명회에서 방시혁 대표는 라이프스타일, 드라마, 게임, 영화, 완구, MD, 그래픽 리릭스, The Note, 소설, 웹툰, 애니메이션, 뷰티에 이르기까지 다양한 플랫폼을 통해 BTS의 스토리를 확장해나가겠다고 밝혔다. '화양연화' 시리즈의 폐수영장에서 시작된 그들의 진한 청춘 이야기가 이토록 넓은 상업적 활용 속에서 지나치게 묽어지지 않기를 바랄 뿐이다.

3장

세대론,
계급론으로 읽는 BTS 현상

: 왜 전 세계 청년들은 BTS에 열광하는가

도시의 지하 주차장으로 평범한 청년이 걸어 들어온다. 장면이 바뀌면서 검은 후드를 입은 청년들이 바닥에 줄지어 앉아 있는 가운데 주차장으로 걸어 들어온 인물이 클로즈업된다. 그는 알아듣기 힘든 몇 마디 영어를 뱉어내고,• 배경음악이 고조되며, 검은 후드 차림의 청년들이 자리에서 일어난다. 화면 가득 자막이 쏟아진다. "Today we fight." 이어서 밝은 색으로 머리카락을 염색한 일곱 명의 청년들이 힘찬 노래를 부른다.

• 잘 들리지 않는 RM의 영어는 "All the underdogs in the world/A day may come when we lose/But it is not today/Today we fight!"이고, 이 노래 전체의 뜻을 잘 요약하고 있다. "이 세계의 모든 힘없는 자들아, 우리가 패배할 날이 올지도 모르지만, 오늘은 아니야, 오늘 우리는 싸워!" 2017년 2월 13일 발매된 2집 리패키지 앨범 《YOU NEVER WALK ALONE》에 수록된 이 노래 〈Not Today〉의 뮤직비디오는 2020년 8월 14일 기준 유튜브에서 4억 2000뷰와 73만 개의 댓글, 650만 개의 '좋아요'를 기록하고 있다.

(랩: 슈가)

No not today(오늘은 아니어도)/언젠가 꽃은 지겠지/But no not today(그래도 오늘은 아니야)/그때가 오늘은 아니지/No no not today(아니 아니 오늘은 아니지)/아직은 죽기엔/too good day(너무 좋은 날)/No no not today(오늘은 아니지 아니야)/no no no not today(오늘은 아니라고!)

(중략)

날아갈 수 없음 뛰어/Today we will survive(오늘은 살아남아)/뛰어 갈 수 없음 걸어/Today we will survive(오늘은 살아남아)/걸어갈 수 없음 기어/기어서라도 gear up(총을 들어)/겨눠 총! 조준! 발사! (BTS, 〈Not Today〉,《YOU NEVER WALK ALONE》, 2017)

두 래퍼의 랩이 끝나는 지점부터 청년들은 얼어붙은 드넓은 땅 위로 뛰어나와 역동적으로 노래하고 춤춘다. 동토의 황량한 땅 위를 달리는 7인의 알록달록한 청년들과 뒤를 따르는 검은 후드 청년들의 모습은 중앙아시아 고산지대, 또는 지구상의 여느 황량하고 추운 환경을 상기시킨다. 얼어붙은 땅 위에서 이런 '발칙한' 노래의 행진곡다운 박자에 맞춰 화려한 군무를 추는 이들의 모습은 BTS가 누군지 잘 몰랐던 내게 충격으로 다가왔다. 가사만은 어느 뜨거운 시대의 혁명가라고 해도 모자라지 않을 만큼 직설적이고 선동적이다. 기어서라도 살아남아 어둠을 뚫고 나가 총, 조준, 발

사라니!

우연히 유튜브에서 이 뮤직비디오를 만나 영어로 번역된 가사를 봤다면, 그리고 '좋아요'를 누르거나 BTS라는 이름에 관심을 갖게 되었다면 이어서 〈쩔어〉의 뮤직비디오를 벗어날 수 없을 것이다.● "어서 와, 방탄은 처음이지?"로 시작되는 이 뮤직비디오는 수많은 해외 유튜브 사용자들이 처음 만나는 BTS 뮤직비디오의 역할을 해주었다. 그만큼 〈쩔어〉는 BTS의 음악 세계와 이미지 형성에 중요한 첫인상을 심어준 노래다. 이 노래는 "우리는 너희들이 클럽에서 놀 때 밤새 땀 흘리며 일했고, 그래서 우리는 늘 (땀에) 쩔어" 있으나 또한 멋있다(쩐다)라는 이중어법을 사용한다. 이 노래는 열심히 연습하고 노력하는 BTS의 일상을 일차적으로 환기시키지만, 뮤직비디오는 여러 직종을 대표하는 복장을 하고 있는 BTS 멤버를 보여줌으로써 '쩔게' 일하는 주체들이 아이돌 그룹 BTS만이 아니라 일터에서 분투하는 일반 청년들을 대변하고 있음을 드러낸다. 이어서, 여러 곳에서 회자되었던 유명한 RM의 랩이 아래와 같이 이어진다.

3포 세대? 5포 세대?/그럼 난 육포가 좋으니까 6포 세대/언론과 어른들은 의지가 없다며 우릴 싹 주식처럼 매도해/왜 해보기도 전에 죽여 걔넨 enemy enemy enemy/왜 벌써부터 고개를 숙여 받아

● 2020년 8월 15일, 유튜브의 공식 뮤직비디오는 6억 5000만 뷰와 59만 개의 댓글, 713만 개의 '좋아요'를 기록하고 있다.

energy energy energy/절대 마 포기 you know you not lonely/너와 내 새벽은 낮보다 예뻐/So can I get a little bit of hope? (yeah)/잠든 청춘을 깨워 go (BTS, 〈쩔어〉, 《화양연화 pt.1》, 2015)

화사하고 힘찬 군무를 보며 이들이 '쩔게' 연습했음은 단지 상상할 수만 있을 뿐, 이 뮤직비디오에서 BTS 멤버 각각의 모습은 개성 있고 멋있게 '쩐다'. 이 비디오는 엄청난 힘으로 동시대 청년들을 강타했다. 2020년 8월 중순 4억과 6억 뷰를 훨씬 넘어선 〈Not Today〉와 〈쩔어〉의 뮤직비디오는 BTS가 동시대의 청년 세대에게 어필한 핵심적인 첫 번째 메시지를 담고 있다.

BTS는 이 두 뮤직비디오에서 신자유주의 시대, 전 세계 청년들의 공통적인 삶의 경험을 환기한다. 학창 시절부터 끝없는 경쟁에 내몰리는 청년 세대, 자라나면서 꾸준히 기가 꺾이고 길을 잃은 느낌을 내화하며 살아가는 이 세대의 공통 경험을 전제로 강력한 커뮤니케이션을 시도한다. 그들은 이미 '학교' 연작에서부터 "네 꿈은 뭐니. 네 꿈은 겨우 그거니"(2013년 발매한 《2 COOL 4 SKOOL》 앨범의 〈No More Dream〉)라고, 자의식 없이 주어진 학교생활과 부모가 만들어준 프로그램을 따라가는 청춘을 흔들어왔다. 학교에서 꿈을 찾지 못하더라도 가장 아름다운 시절인 '화양연화'는 오는 것이고, 청춘은 〈쩔어〉처럼 노력을 하더라도 성공이 보장되지 않는다. 그러나 좌절과 실패가 오더라도, 그래서 뛰지 못하고 걷거나 기어야 하더라도, 오늘 포기하지는 말자고, 최후의 희망과 자존심을 세운다. 이들이 '쩔도록' 노력하는 이 사회는 대한민국이고, BTS 멤버들은 한국 사회의 경쟁 시스템의 최첨단인 학교에서 자발적으로 떨어져 나온 사람들이란 점에서 이 노래들은 극적인 의미를 띤다.

청년 세대의 삶의 조건을 노래하다

〈쩔어〉 이후 전 세계 BTS 팬들은 한국 사회의 3포, 5포, 나아가 6포의 의미에 대해서 알게 되었다. 연애, 결혼, 출산, 내 집 마련, 인간관계, 꿈, 희망 중 몇 개를 포기하고 살아가야 하는지에 따라 숫자가 바뀌는 이 처절한 용어는 2011년 어느 신문기사에서 처음 만들어졌다. 이제 N포 세대는 인간 생활의 기본적 필요를 충족하지 못하는 청년들의 현재 삶을 시니컬하게 부르는 용어로 정착되었고, 2010년 이후 한국 사회에서 NEET(Not in Employment, Education, and Training)나 88만원세대, 잉여세대 담론으로 정착되었다. 비극은 이런 청년 세대의 불안정한 삶의 조건이 게으름이나 부적응 등 개인적 결함의 결과가 아니라 사회경제적 요인 때문이라는 점이다. 부모 세대가 마련해준 학교와 학벌이라는 경쟁 시스템 속에서 열심히 노력해서 명문대에 입학하더라도 더 이상 이들에게 꿈과 자유가 주어지지는 않는다.

BTS 멤버들은 모두 부산, 대구, 광주, 거창, 과천, 일산 등 서울 외부에서 태어났고, 학교를 떠나 서울 기획사의 지하 연습실에서 청소년기의 마지막을 보냈다.[*] 막내 정국은 중학교를 졸업하기 전에 집을 떠나 형들과의 합숙을 시작했다. 2013년 6월에 데뷔하기 전부터 공동의 트위터 계정을 운영해온 BTS 멤버들은 그들이 선택한 이 남다른 길의 끝에 무엇이 있을지 모르는 불안함을 SNS로 소통했고, 데뷔 후에도 연습실과 방송 대기실에서 작은 회사의 경쟁력 없는 아이돌로서의 불안한 미래에 대한 심정을 토로했었다. 슈가는 주변의 조롱과 비판 속에서 지내던 청소년기에 느꼈던 좌절과 우울을 랩으로 절절하게 풀어놓기도 했다.[**]

한국의 아이돌 지망생들은 매우 흥미로운 집단이다. 이들은 어느 계층에 속할까? 1장에서 설명했듯이 특별한 연예 노동자로서 일반 노동계층에 속하지만, 동시에 거의 유일하게 부와 명성을 함께 얻을 수 있는 직업이기도 하다. 한국에서 계층재생산[***] 및

[*] 이들은 공식적으로 학교를 다니지만, 아이돌의 고등학교 재학은 정상적인 교육을 받기 위해서라기보다는 미성년으로서 사회적 요구에 따르기 위해서라는 의미가 더 크다. 대학입시를 위한 경쟁에서 벗어나 시간이 되는 대로 가보는 곳으로서의 학교가 미성년 연예인 개개인에게 어떤 교육 효과가 있는지를 일반화하기는 힘들다. 연습생인 경우, 방과 후에 연습실을 찾는 것으로 알려져 있으나, 실제 이들이 얼마나 학교에서 시간을 보내는지는 알려져 있지 않다. 특히 데뷔 후엔 학교생활보다 연예인으로서의 일정이 우위에 서게 되므로 학교에서 결정적으로 멀어진다. 개인차가 있다 하더라도 이들은 대학입시라는 경쟁 시스템에서 자발적으로 이탈된 청소년 그룹을 형성한다. 연예인으로서의 성공 여부는 차치하고 연습생 중 오직 극소수만 데뷔에 이르기 때문에 연습생들이 느끼는 불안감은 매우 크다.

[**] 슈가의 첫 번째 믹스테이프《August D》(2016)는 그 당시 민윤기의 모습을 직설적으로 담고 있다.

계층 간 이동이라는 엘리베이터로 기능한다고 여겨지는 학교 시스템 이외에 이걸 가능하게 하는 것은 연예인이 되는 길이 아닐까.

내가 프랑스 대학에 있다가 한국으로 직장을 옮기면서 아이들을 데리고 한국으로 이사를 왔을 때, 한국에 사는 적잖은 지인들이 아이들에게 연예인을 시켜보라고 해서 깜짝 놀랐던 기억이 있다. 사회적 성공이 부와 명성인 한국 사회에서 연예인이 되는 것은 학교 밖의 대안으로도 고려되고 있다는 것, 한국 사회에는 연예인이 되는 절차화된 길이 있고, 그것이 교묘하게 사설 학교를 닮은 연습생과 아이돌 시스템임을 알게 되었다. 수많은 청소년이 연습생을 꿈꾸고, 수많은 연습생이 데뷔를 꿈꾼다. 청취자들이 이들의 노래를 듣게 된다면 그들은 이미 대학입시에 성공한 대학생들처럼 세상 속으로 '데뷔'한 것이다. 그다음 성적(또는 성공)을 위해 분투해야 하는데, 이 과정은 아이돌이 이미 직업인이라는 점에서 노동자로서의 정체성을 지닌 싸움이 된다.••••

앞서 언급한 〈Not Today〉와 〈쩔어〉는 대부분 학교 시스템 속에 있을, BTS 멤버들 또래의 한국 청년들만이 아니라 노동의 세계를

•••• 한국 사회의 계층이 무엇인지를 질문해봐야 하고, 계층이 아니라 계급이란 개념을 사용해야 하는지 좀 더 정교한 사회경제적 분석이 필요한 부분이다. 그러나 아직까지 한국 사회에서 성공의 여부를 규정하는 데는 문화, 사회, 상징적 자본보다는 경제자본이 제일 중요하게 작동한다고 판단된다는 점에서, 그리고 무엇보다 여기서는 사회계급적 차원을 다루지 않는다는 점에서 손쉬운 계층이라는 용어를 사용하기로 한다.

언급하고 있다. '무릎을 꿇고 기어서라도 앞으로 나가며 절대 포기하지 말라'는 노래 가사는 한때 갑질하는 백화점 손님 앞에 무릎 꿇고 사죄해야 했던 주차 알바 청년이나 VIP의 '갑질'로 인격 모독을 당한 비행기 승무원을 상기시킨다. '너희들이 클럽에서 놀 때 밤새 일한 청년'의 고단함과 쿨함을 노래한 〈쩔어〉는 멤버들의 다양한 직업 의상이 의미하듯, 청년 노동자들 모두에게 소구한다. 두 편의 뮤직비디오는 한국만이 아니라 전 세계 어디에서든 울림이 있도록 의도적으로 모호한 동시에 일반적이다.

너희들은 더 이상 부모들처럼 살지 못해, 뭐 하고 살래

BTS 해외 팬덤은 청년 세대를 넘어 확장해가고 있지만, 처음 이들을 알아보고 열심히 밀어준 팬덤의 핵심은 한국과 같은 15~25세다. 이들이 살아가는 북미와 유럽 사회는 한국에서 흙수저, 금수저 논의가 본격화되던 2010년대보다 훨씬 먼저 인구 문제와 세대

●●●● BTS의 1집 앨범 《DARK&WILD》의 마지막 곡 〈2학년〉의 가사는 아이돌 연습생과 학교의 유사성을 생생하게 드러낸다.

"그제야 느끼지 아직 멀기만 한 현재를/대중 선생님들은 작년까진 부담 안 줘/겨우 1학년 신인이라며 괜찮다며/나를 앉혀놓고 세상이 얼마나 차가운지/몇 가지 과목으로 알려줬지/선입견, 악플, 이중잣대, 욕설 그리고 무관심/선생님 여기도 수능이 있나요/1등 하면 성공한 가수인가요/그런 것도 좋지만 음악이 하고 싶어요/일단 내 하고픈 대로 할게 날 좀 냅둬여"

문제가 결합되어 위기의 사회로 진입했다.

이들의 부모는 68세대(1968년 5월 프랑스 학생운동을 주도했던 대학생들과 이에 동조해 시위와 청년 문화를 이끌어갔던 당시 유럽과 미국 등의 젊은 세대)의 자식들이다. 이 세대는 68세대 부모들이 사회운동을 통해 얻어내고 누려온 모든 제도적 혜택과 수혜가 줄어드는 청년 시절을 보냈지만, 그들의 자녀인 지금의 청년들보다는 나은 상황이었다. 2009년에 출판된 프랑스 책 《계층하락(Le déclassement)》은 프랑스 사회가 어떻게 계층 상승의 신화를 누리던 사회로부터 계층 하락의 두려움에 떠는 사회가 되었는지를 분석하고 있다. 이런 계층 하락의 위협은 인구사회학적인 조건들로 인해 악화되었다. 수명의 증가와 베이비부머의 노령화 때문에 인구구조는 역삼각형으로 변했고, 노년 인구를 지탱하기 위해 증가된 사회보장 비용 탓에 국가는 갈수록 무거운 세금을 부과할 수밖에 없었다. 그런데 신자유주의적 경제정책은 역삼각형 사회를 지탱하는 노동자 대다수를 비정규직화했다. 그리고 그들이 은퇴할 나이가 되면 가장 취약한 계층의 경우, 십수 가지 계약직 일자리를 전전한 불안정한 삶의 고지서를 갖게 된다. 〈르몽드〉지는 이처럼 부모 세대보다 나빠진 취업 환경뿐 아니라 청년 노동자들에게 무거운 역삼각형 인구구조를 지탱할 사회보장 비용의 짐을 지우는 프랑스 사회를 자조적으로 분석하면서 "자식을 잡아먹는 크로노스의 사회"라고 한 적이 있다. 당시 이 자극적인 제목이 지나친 표현이라고 여길 수만은 없었던 것이 기억난다.

구미 선진국에서는 실업 위기에 처하면 실업수당이 있고, 아프면 돈이 없어도 들어갈 병원이 있으며, 최소한의 존엄을 위한 연금이 있다고? 아직 이 조건을 충족하지 못한 한국 사회에서 보면 배부른 소리처럼 들릴지 모르지만, 이것만으로는 충분하지 않다. 사회적 존재로서의 인간에게 가장 중요한 것이 주거와 일이라는 사실을 80년대에 제작된 두 편의 영화가 극명하게 보여준다. 아녜스 바르다 감독의 85년작 〈집도 법도 없이〉(한국에서는 "방랑자"라는 로맨틱한 제목으로 개봉되었다)와 에릭 로샹 감독의 89년작 〈동정 없는 세상〉을 보자. 첫 영화는 프랑스 남부를 떠돌다 죽는 20세 주거 부정 여성의 이야기이고, 후자는 학업도 일도 사랑도 미래도 하늘마저도 흐릿한 파리에 사는 가난한 20대 중반 청년의 이야기다.

어느 시대 어느 나라든 가난을 구할 수는 없고, 청년기에 맞는 가난은 더 큰 좌절로 다가온다. 내가 프랑스 대학에서 배우고 가르치던 시절, 프랑스의 동시대 청년들이 이 두 영화에 감정이입을 하고 있다는 사실이 충격적이었다. 민주화운동이 한창이던 80년대 최루탄 냄새가 가시지 않은 캠퍼스를 간신히 벗어나 1989년 프랑스로 유학을 떠나온 나는 겉으로는 안락하고 평온해 보이는 프랑스 동년배 청년들이 이처럼 암울한 인생 이야기에 강하게 동일시하고 있다는 사실에 충격을 받았다. 이윽고 내가 모르는 이 세계의 진짜 모습은 어떨지 두려워졌다.

부모의 이혼과 재혼, 새로운 형제자매와의 동거로 재구성된 가족스토리 속에서 집을 떠나 대학에 진학하면 대부분의 프랑스 청년들은 부모와의 직접적 유대관계가 소원해진다. 크리스마스 때나 만나는, 모르는 사람과 부부를 이룬 부모, 더 이상 경제적 지원자가 되지 못하는 부모와 자식은 갈수록 멀어진다. 이 청년들에게 대학생과 주거부정자의 차이는 크지 않다. 대학생이라는 위치가 보장하는 기숙사 거주와 생활 속의 할인 혜택을 걷어내면 사회경제적으로 부랑자와 단 한 발 차이라고, 보르도대학 시절 내 학생들은 증언했었다. 이미 두 세대 전부터 프랑스 청년 세대에게 거주지의 문제는 일자리 문제만큼이나 절실한 것이었다.

1인 가족이 가장 흔한 가족 형태가 되어버린 한국에서도 주거는 가장 심각한 청년 세대의 문제다. 중산층의 거주 문제는 아파트 가격의 폭등이나 전세 대란, 분양 열풍 등의 타이틀을 달고 매체에 등장하지만, 학교와 구직 사이에 끼어 있는 청년 세대에게는 모든 것이 배부른 소리일 뿐이다. 이들에게 주거 문제는 원룸, 반지하, 옥탑방, 고시원, 쪽방 등의 우울한 모습을 띠고 있다.

북미의 사정은 어떨까. 노동시장이 훨씬 유연해서 청년 세대가 노동시장에 진입하기가 상대적으로 쉬울지 모르지만, 이곳은 사회보장이라는 솜이불이 얇디얇은 곳이다. 게다가 2008년의 경제 파탄으로, 장기 대출로 내 집을 마련했던 중산층이 깊은 내상을 입고 그중 일부는 계층 하락을 경험했다. 2020년 대선에서 민주당 경선 후보로 나선 앤드루 양이 기본소득을 외치는데, 더는 이것이 포퓰리즘으로 보이지 않는 사회가 되었다.

89년에 친구들의 아파트를 전전하며 담배를 빌려 피우던 파리의 휴학생은 어찌어찌 대학을 졸업하고, 이리저리 가정을 이루고, 지금은 청년 세대의 부모가 되었을 것이다. 이들의 아이들이 바로 80년대로부터 30년이 지난 지금 BTS가 직접 소구하는 청년 세대가 되었다. 이 세대의 경우 이미 부모 세대가 경험해온 주거와 일자리 문제가 해결되지 않고 더욱 복잡한 양상을 띠고 전개되는 가운데, 더욱 근본적인 위기 요인들이 더해졌다. AI, 환경 문제, 테러, 그리고 판데믹의 위험이 그것이다.

노동 문제와 관련해 청년 세대가 항상 듣는 정보는 AI가 대체해서 인간의 일자리는 갈수록 줄어들 것이고, 전문성이나 창의성이 없는 직업은 사라질 것이며, 미래 세대는 여러 직업을 전전하며 살게 되리라는 우울한 미래에 대한 소식이다. 터미네이터가 과거로 돌아가 최초의 AI를 파괴하는 것과 같은 신러다이트적(러다이트는 영국에서 산업혁명이 초래할 실업의 위험에 반대해 기계를 파괴하는 등의 폭동을 일으킨 직공단원을 의미한다) 서사나 어벤져스들이 힘을 합쳐 인류를 구한다는 마블식 동화에 의존하지 않고 이런 미래를 피할 출구는 없다.

환경 문제는 여기에 존재론적 위기감을 더해주었다. 이렇게 환경 오염과 기후 온난화 속에서 재난을 겪을 수밖에 없는 지구를 만든 무책임한 부모 세대에 대한 청년 세대의 분노와 비판은 16세의 툰베리(Greta Thunberg)가 무책임하고 오만한 기성세대의 화신과도 같은 트럼프 미국 대통령을 쏘아보는 사진 한 장으로 잘 요약된다. 이 세대에게는 '얼마나 잘살 수 있을까'가 아니라, '살아남

을 수 있을 것인가'부터가 문제인 것이다!•

　청년 세대가 마주하고 있는 이러한 사회의 불안과 미래에 대한 불확실성은 부모의 경제력과는 상관없이 거의 모든 서구 청년들의 일상이 되었다. 나라마다 차이가 있지만, 아직 한국에 남아 있는 '열심히 하면 돼'라는 의식도 별 의미가 없어진 이들은 쉽게 우울과 무기력에 빠진다. BTS가 태어난 동아시아도 서구보다는 늦게 이런 위기 속으로 진입했고 여전히 집단적인 우울을 극복하지 못했다. 일본의 초식남 현상, 자조적인 유머와 저욕망의 생활을 추구하는 중국의 상문화(喪文化), 병맛의 감수성을 내화한 한국의 루저 문화 등, 각국의 맥락 속에서 구체적 차이를 지니더라도 희망 없는 미래와 각박한 현실을 견디고 있는 청년 세대의 문화는 부모들의 삶보다 훨씬 우울하다.

　그런데 이 세대는 전 세대가 갖지 못했던 것을 지녔다. 바로 SNS다. 부모 세대가 인터넷이 매개하는 집단지성의 한 형태인 위키의 문화를 만들어냈다면, 언론이 Z세대라고 부르는 이 세대는 모바일 매체와 SNS로 연결되어 시간차 없이 전 지구적인 세대 의식을 형성하는 것이 가능해졌다. 이들은 다른 장소, 다른 환경에서의 다른 삶을 집단이 아닌 개인적 지평 속에서 투사할 수 있게 되었고, 케이팝은 이런 서구의 청년 세대에게 여러 가지로 가장 효율적인

• 2020년 세계는 코로나19와 전쟁을 벌이고 있다. 인수 공통 바이러스가 인간의 환경 파괴로 동물과 인간의 전례 없는 접촉을 통해 발생한 것이라서, 기후 변화와 환경 파괴는 갈수록 잦은 바이러스 공격을 가져올 것이다. BTS 세대는 미래에 대한 더욱 큰 불안을 안게 되었다.

문화적 대안 중 하나로 등장했다고 볼 수 있다. "아무리 열심히 노력해도 너희들의 삶은 부모보다 못할 거야. AI와 로봇이 네 일자리를 대체하면 너는 뭐 하고 살래"라는 질문이 일상인 이들에게 팬덤이라는, 마음을 붙일 수 있는 따스한 커뮤니티를 제공하고 일곱 명의 개인이 그룹을 만드는 데도 성공한 BTS의 이야기는 공감과 위로의 메시지로 다가왔다.

저항하라, 성공보다 성장

이 장의 시작에서 인용한 BTS의 히트 곡들이 신자유주의적 경쟁사회에 대한 저항의 메시지를 담고 있다는 것이 적잖은 어른들에게는 충격이었을 것이다. 알록달록 물들인 머리에 '세계에서 제일 잘생긴…' 또는 '가장 인기 있는…'이라는 카테고리에 오르내리는 셀럽들의 그룹인 줄로만 알았는데, BTS 멤버들은 지방 출신에 작은 기획사의 연습생으로서 그룹의 삶을 시작했다. 미국 대도시 변두리의 흑인 문화로 형성된 힙합이라는 하위문화적 스타일을 선택해서 데뷔 시에는 그룹의 정체성을 기존 아이돌 그룹과 차별화하려고 노력했다.●

● 이런 시도는 그룹의 힙합 정체성을 대변하는 래퍼 RM과 슈가를 곤란한 위치에 빠지게도 했다. 중학생 시절부터 언더그라운드 힙합 신에서 이름이 알려진 RM의 뛰어난 랩 실력을 기둥으로 다른 멤버들이 스카우트되면서, 그룹의 리더인 RM이 힙합 아이돌이라는 BTS의 정체성에 쏟아지는 양면의 비판을 온몸으로 받아내게 되

이들은 〈쩔어〉에서처럼 노동하는 청년들의 멋을 노래하기도 하지만, 많은 노래에서 신자유주의의 꽃인 자아계발 담론에 정면으로 반기를 들기도 한다. 경쟁에 기초한 인생, 인생의 매 순간에 배치되어 있는 경쟁에서 이기기 위해 최선을 다하는 방식이 바로 끊임없는 자기계발이다. 자신에게 여전히 주어져 있다고 믿는 성공 가능성에 희망을 걸고 새로운 능력을 얻기 위해 끊임없이 자아에게 지시를 내리는 자기계발서들의 계시를 좇으라는 담론 말이다.** 이런 사회에서 BTS는 동시대 청년들에게 '네 꿈은 뭐니?'라고 묻지만

었던 것이다. 정규 3집 리패키지 《LOVE YOURSELF 結 'Answer'》에 이르러서야 〈IDOL〉이라는 타이틀 곡을 통해 '나를 아티스트라고 부르든 아이돌이라고 부르든 상관없어'라고 할 수 있게 되었을 만큼, 힙합을 하는 아이돌이라는 모순된 정체성은 조화를 이루기 힘든 것이었다. 힙합은 기성세대와 사회의 기득권에 대한 반항과 저항의 몸짓을 실제로 경험하며 진실하게 표현해야 하는 음악 장르다. 따라서 힙합퍼들이 보기에 회사가 원하는 대로 머리를 물들이고 화장을 하는 BTS 멤버들은 힙합이라는 형용을 사용하면 안 되는 것이었다. 다른 한편으로 케이팝 산업 속의 아이돌들이 보기엔, 스스로 작곡하고 가사를 쓴다고 해도 연습생으로서 합숙을 하고 군무를 추는 이들이 힙합 문화를 전면에 내세워서 아티스트로 대접받는 것은 부당해 보였다. 게다가 케이팝 아이돌들 다수가 스스로 작곡하고 가사를 쓰는 지금, BTS가 스스로의 곡을 프로듀싱한다는 사실은 더 이상 특별하지 않게 되었다.

** 상업적 목표가 있는 정규 앨범보다 개인의 이름으로 생산되는 믹스테이프에서 직설이 쏟아져 나온다. RM의 첫 번째 믹스테이프 중 두 번째 곡 〈Do You〉는 다음과 같이 자기계발 담론에 저항한다.

"난 세상에서 자기계발서가 제일 싫어/이렇게 저렇게 하란 개소리들/다 컷댄 없고 남 말은 잘 믿어/그러니까 그 개소리들이 베스트셀러/개네들이 너에 대해 무엇을 알지/너의 꿈 너의 취미, 이해를 하니?/눈치만 덜 봐도 바뀌는 건 참 많지/주인으로 태어나 왜 노예가 되려 하니/'아프니까 청춘이다'/그딴 위험한 정의가 제일 문제야/삶에서 장르는 덫, 마치 음악처럼/거기 얽매이는 순간 바보 되니까"

대부분의 노래에서 '꿈이 없어도 괜찮아'라고 얘기한다.

사회학자 김홍중은 꿈꾸는 것도 능력이라면서 꿈꾸는 능력에서 더 나아가 꿈의 자본 개념까지 제공한다.[•] 이 기준에서 보면 "꿈이라는 자본"조차 지니지 못한 동시대 청년들은 가장 소외된 계층이다. 못난 자기 자신을 그대로 받아들이고 사랑하자는 BTS의 수년에 걸친 구도와 발견의 여정은 전형적인 성장 서사를 이룬다. '꿈이 없어도 괜찮다'에서 자기사랑에 이르는 과정은 절절하고 진솔하게, 앨범 시리즈와 각각의 앨범과 앨범을 구성하는 노래들 곳곳에 담겨 있다. 이 과정이 노력과 근검으로만 이루어진 것은 아니다. 성공이 가져다준 전 세계로의 비행과 더욱 큰 집과 부를, 힙합 장르의 요구에 맞게 자랑하다가도 〈고민보다 Go〉에서는 동시대 청년 노동자에 빙의해 자신이 벌어들인 돈을 하루아침에 탕진하는 재미('탕진잼')를 노래하기도 한다.[••]

BTS의 메시지는 어느 날 갑자기 기존의 철학적 명제에서 전략적으로 뽑혀 나온 것이 아니다. 음반과 엔터테인먼트 산업 내부에서 생산되는 상품으로서의 앨범은 이익 창출을 우선적으로 목표하지만, 상품이라서 가치를 담지 못하는 것은 아니다. 빅히트가

• 김홍중, 《사회학적 파상력》, 문학동네, 2016.

•• "DOLLAR DOLLAR/하루아침에 전부 탕진/달려 달려 man I spend it like some party/DOLLAR DOLLAR/쥐구멍 별들 때까지/해가 뜰 때까지//YOLO YOLO YOLO YO/YOLO YOLO YO/탕진잼 탕진잼 탕진잼", (BTS, 〈고민보다 Go〉, 《LOVE YOURSELF 承 'Her'》, 2017)

기획하고 BTS 멤버들이 빈칸을 채운 BTS 앨범의 역사는 어떻게 BTS의 정체성을 규정하는 메시지가 태어나는지를 잘 보여준다.

연작으로 발표된 앨범의 가사를 통해 그 과정을 살펴보자. 호르몬이 넘치는 고등학생 시절의 연애 감정이 주된 이야기였던 2년간의 학교 연작이 지나고 탄생한 《화양연화 pt.1》(2015)은 드디어 학교를 떠난 연습생의 삶을 담고 있다. 연습생의 하루가 부질없이 지나가고 저녁에 자신을 돌아보면, 문득 덮쳐오는 현실감에 괴로워하며, "남들은 앞서 달려가는데, 왜 난 아직 여기 있나" 하는 생각을 떨치지 못한다(〈Intro: 화양연화〉). 《화양연화 pt.1》의 사랑 이야기 또한 전보다 훨씬 성숙되어, 만남의 설렘보다 이별의 향기가 감돈다. '초통령'이라는 별명을 얻을 정도로 어린 청중이 좋아했던 초창기의 "왜 내 맘을 흔드는 건데?"(〈상남자(Boy In Luv)〉)의 경쾌함이 "왜 혼자 사랑하고 혼자서만 이별"하는지, "왜 다칠 걸 알면서, 자꾸 네가 필요"(〈I NEED U〉)한지 자문하며, "장미 같은 니 품에 찔릴 각오로 다시 널 안아"(〈잡아줘(Hold Me Tight)〉)라는 자못 농밀한 사랑 이야기로 바뀐다.

'화양연화' 시리즈부터 BTS는 본격적으로 학교 밖 이야기를 시작한다. 학원촌과 떠나온 도시도 이제 회상(〈Ma City〉)의 대상인 과거다. 이들이 진입한 일하는 세계는 평등하지 않은 세계, 뱁새가 황새와 동일한 평원에서 달리며 '공정 경쟁'을 하느라 가랑이가 찢어지는 곳이다. 황금 수저 황새들이 뱁새에게 '노오력'을 하라고, 그렇지 못한 뱁새들은 '싹수가 노랗다'고 비웃는 세계다. 스타디움 공연에서 수만 명의 외국 팬들이 "아 노력 노력, 아 노력 노력, 아 노랗구나 싹수가"를 따라 부를 때, 오직 BTS의 세계 속에 들어와 있는 사람들만이 등골을 따라 흐르는 전율을 느낄 수 있다. 뱁새와 황새가 하는 경쟁을 '공정 경쟁'이라고 부르는 이 세계의 모습이 공정과 정의에 대한 국경 없는 이 세대의 감수성을 그대로 표현하고 있다.●

뱁새와 황새의 불공정 경쟁은 뱁새들의 노동 현장에서 그대로 드러난다. 남들이 클럽에서 놀 때 밤새 일해야 하는 뱁새라도 그대로 멋있다고 노래하는 〈쩔어〉에 이어지는 〈불타오르네〉에서는 우리의 삶은 어차피 우리 것, 져도 괜찮으니 너무 애쓰지 말자고 노력주의에서 과감하게 벗어날 것을 제안한다.

전부 다 태울 것같이/Hey, turn it up/새벽이 다 갈 때까지/그냥 살아도 돼 우린 젊기에/그 말하는 넌 뭔 수저길래/수저수저려 난 사람인데(So what~)//니 멋대로 살어 어차피 니 꺼야/애쓰지 좀 말어 져도 괜찮아 (BTS, 〈불타오르네(FIRE)〉,《화양연화 Young Forever》, 2016)

데뷔 후 고생 끝에 드디어 성공의 기운이 보이며 BTS는 이제 더

● "난 뱁새다리 넌 황새다리/걔넨 말하지 '내 다린 백만 불짜리'/내게 짧은데 어찌 같은 종목 하니?/They say '똑같은 초원이면 괜찮잖니!'/Never, Never, Never//룰 바꿔 change change/황새들은 원해 원해 maintain/그렇게는 안 되지 BANG BANG/이건 정상이 아냐/이건 정상이 아냐" (BTS, 〈뱁새〉,《화양연화 pt.2》, 2015)

높은 곳으로 "이사"를 갈 수 있게 되었지만, 17평 방에서 아홉 명이** 치고받던 연습생 시절을 잊지 않겠노라고 노래한다.《화양연화 pt.1》의 〈이사〉는 길고 불안한 연습생 시절을 회상하는 경험의 진정성이 깃든 노래로 팬들에게 길이 회자된다. 부모로부터의 독립이 한국보다 이르기에 상대적으로 거주 문제에 더 민감한 해외 팬들에게 지금은 전 세계적 스타가 된 동년배의 연예인들이 불과 몇 년 전에 열악한 주거 환경을 장기간 경험했다는 사실은 스타와 팬 사이의 심리적 거리를 좁히는 데 크게 기여했다.

《WINGS》에서부터 BTS의 스토리는 훨씬 입체적이 된다. 가수로서 성공 궤도에 오르면서 기쁨과 슬픔, 성공과 추락의 불안, 진실과 거짓이 공존하는 인생의 이중성을 경험하며, 거짓과 상처로 자아에 남은 상흔(〈Stigma〉)에 대한 성찰이 등장한다.《WINGS》의 타이틀 곡인 〈피 땀 눈물〉은 뮤직비디오부터 여러 가지 상징성과 복잡한 서사로 뒤덮여 있다. '화양연화' 시리즈에서 시작된 트랜스픽션의 캐릭터와 이야기가 자연인 맴버들의 구체적 스토리, 맴버로서의 정체성과 교차되며, 복잡한 짜깁기가 일어난다. 슈가는 자신을 포기하지 않고 음악으로 이끌어준 어린 시절 피아노의 추억(〈First Love〉)을, RM은 답답할 때 숨을 돌리게 해주던 뚝섬의 기억(〈Reflection〉)을 쏟아낸다. BTS의 노래 가사는 이들이 인터뷰나 Vlog 등 다른 다큐멘터리에서 말한 실제의 경험을 반영하고 있는

** 17평 아홉 연습생 코 찔찔이 시절/엊그제 같은데 그래 우리도 꽤 많이 컸어(BTS, 〈이사〉,《화양연화 pt.1》, 2015)

경우가 많아서, 팬들은 이들의 진실함을 강하게 느낄 수 있다. 내막을 알 수 없는 사랑 노래나 보편적인 청년 세대의 고민이 아니라 구체적인 정황과 경험에 기초한 사색과 스토리를 담아낸 것이다. 제이홉이 직장 두 개를 동시에 다니면서 아들을 돌보던 어머니의 고생(〈MAMA〉)을 얘기할 때의 어머니 역시 일반적인 어머니가 아니라 구체적 정황 속의 어머니다.

> 기억해 mom?/문흥동 히딩크 pc방, 브로드웨이 레스토랑/가정 위해 두 발 뛰는 베테랑/실패는 성공의 어머니 어머니/그런 열정과 성심을 배워 (BTS, 〈MAMA〉,《WINGS》, 2016)

이토록 구체적인 개인의 경험과 에피소드를 담고 있기에 이들은 점차 팝적 요소가 강화된 앨범을 내면서도 데뷔 당시에 강조했던 힙합 정체성을 계속 유지할 수 있었다. '화양연화' 시리즈를 통해 국내외 팬덤의 형성이 가시화되었고《WINGS》로 BTS는 드디어 날개를 달게 되었다. 이들은 앨범들 속에서, 길을 잃었으나 이 길이 옳다고 믿으며 계속 앞으로 나아갔고(〈Lost〉), '저 꽃잎처럼 날 수 있을까, 저 하늘에 닿을 수 있을까'(〈Awake〉)라고 의심했지만, 이 앨범으로 비상하게 되었다.

팬들에게 보내는 위로와 구원의 메시지가 등장하기 시작한 것도 이 앨범에서부터다. 〈둘! 셋!〉은 공연 중에 청중과의 교감이 강하게 이루어지고 광범위한 '떼창'이 생산되는 순간이다. 주문과도 같은 "하나 둘 셋"을 외치며 다 같이 근심을 잊어보자는 아미와 BTS의 특별한 관계가 형성되는 순간을 경험할 수 있다.

> 그래도 좋은 날이 앞으로 많기를/내 말을 믿는다면 하나 둘 셋/믿는다면 하나 둘 셋/그래도 좋은 날이 훨씬 더 많기를/내 말을 믿는다면 하나 둘 셋/믿는다면 하나 둘 셋 (BTS, 〈둘! 셋!〉, 《WINGS》, 2016)

이 앨범에 수록된 노래를 대부분 담은 리패키지 앨범 《YOU NEVER WALK ALONE》의 마지막 노래는 서로 위로하는 연대에서 더 나아가 명백하게, 팬들과 BTS가 함께 동반하는 관계임을, 함께 성장하는 관계임을 암시한다. 동시에 다음 앨범 시리즈, 즉 지금의 BTS를 완성하는 LYS(〈LOVE YOURSELF〉)를 예견하고 있다. LYS 연작은 아미와 BTS의 관계 발전, 연인과도 같은 헌신과 애정, 연대와 성장을 담고 있다.

> 이 날개는 아픔에서 돋아났지만/빛을 향한 날개야/힘들고 아프더라도/날아갈 수 있다면 날 테야/더는 두렵지 않게/내 손을 잡아줄래/너와 나 함께라면/웃을 수 있으니깐(BTS, 〈A Supplementary Story : You Never Walk Alone〉, 《YOU NEVER WALK ALONE》, 2017)

BTS는 앨범 연작에서 팬들과의 동반을 통해 함께 성장하는 스토리를 전개하는 동시에 BTS를 구성하는 일곱 명이 그룹으로서

괄목할 만한 성장을 하는 이야기도 병행한다. 데뷔 당시 BTS 멤버들은 다른 아이돌 그룹처럼 서로 다른 능력을 지닌 채 '발굴'되었다. 랩을 하고 곡을 쓸 수 있는 RM과 슈가, 춤을 잘 추는 제이홉과 지민, 특별한 능력보다 가능성으로 선택된 진, 뷔, 정국. BTS가 다른 아이돌 그룹과 구분되는 특별한 점은 이들이 하나의 그룹을 만드는 것에 성공했다는 점이다. BTS 멤버들이 개인 활동을 하지 않는 것은 회사의 방침이기도 하지만, 이들은 문제를 자발적으로 해결하고 서로 이끌어주며 성장했다.

함께 수련하여 개인이 아닌 집단의 능력치가 향상되는 스포츠 게임과 달리, BTS의 경우 그룹을 만드는 가운데 전체 개인의 능력치가 향상되었다. 작곡을 잘하지 못하던 사람들이 작사와 작곡에 참여하고, 춤을 못 춘다고 구박받던 멤버들이 피나는 노력을 통해 그룹이 칼군무의 대명사로 불리는 데 지장을 주지 않는 수준으로까지 발전했다. 아이돌 그룹의 특징인 비주얼 담당들 또한 곡을 만들고 언젠가는 자기의 곡과 믹스테이프를 낸다는 꿈을 꾸게 되었다.

이처럼 그룹을 구성하는 개인들의 능력치가 향상되는 과정에서 이들은 경쟁과 반목이 아니라 그룹으로서의 결속력을 높여갔다. 이 과정은 팬들이 가까이에서 관찰할 수 있는 수많은 영상 기록으로 남았고 다수의 감동적 장면들을 배출했다. 이들은 서로에게 때로는 동료로서, 때로는 형과 동생으로서, 많은 영향을 주고받는다. 2018년 초, 2018페스타 기간에 마련된 술자리에서, 그룹의 해체가 거론될 정도로 모두가 저조한 기분에 빠지고 힘들었던 시절에 대해 이야기를 나누다가 멤버들 중 가장 표현이 적은 슈가가 태형과 정국에게 보낸 사랑한다는 편지가 두 사람에게 엄청난 힘이 되었다는 말이 나왔다. 감동적인 몇 가지 사례를 들어본다. RM이 영상의 진을 보면서 "진짜 잘생겼다"고 하자 옆에 있던 지민이 "나는?"이라고 묻는다. RM은 "너는 팀에서 제일 멋있어. 멋있는 게 잘생긴 것보다 더 좋은 거야"라고 어깨를 들썩이게 하는 말로 답한다. 이 분야에서 최고는 막내인 정국일 것이다. 중학생의 나이로 형들과 집단생활을 하며 청소년기를 보낸 정국에게 이들은 피를 나누지 않은 형들일 뿐만 아니라 그를 말 그대로 '키운' 존재들이다. 《WINGS》앨범의 〈Begin〉은 형들과의 관계에 대해 정국이 부른 솔로곡이다.

아무것도 없던 열다섯의 나/세상은 참 컸어 너무 작은 나/이제 난 상상할 수도 없어/향기가 없던 텅 비어 있던 나 나/I pray//Love you my brother 형들이 있어/감정이 생겼어 나 내가 됐어/So I'm me/ Now I'm me//You make me begin (BTS, 〈Begin〉,《WINGS》, 2016)

이 노래의 클라이맥스는 "죽을 것 같아 형이 슬프면/형이 아프면 내가 아픈 것보다 아파"라는 대목이다. 그야말로 피를 나눈 것과는 상관없이 느껴지는 형제애다.

또 다른 감동적인 스토리는 RM과 진의 관계다. 그룹의 두뇌이고 리더이며 완벽주의자인 RM은 나이가 제일 많지만 항상 뒷전에서 우스갯소리를 흘리며 한 발 물러서는 진이 이해하기 힘든 존재였다. 그는 "진은 가장 이해하기 힘든 유형의 사람이다. 나는 항상 치열하게 살아야 한다고 생각했었다. 그런데 치열함에도 여러 가지가 있다"고 회상한다. 진은 어느 비디오에서 "더 좋은 사람이 되고 싶어, 더 나은 사람이 되고 싶어. 남들의 기준에 맞출 필요는 없어"라고 하며, 완벽을 위해 애쓰고 무의식적 인정 욕구를 지닌 RM에게 "너의 수고는 너 자신만 알면 돼"라고 말한다. 자신이 우스갯소리를 하는 것은 "나를 행복하게 하려고 상대방을 웃게 해서 나를 웃게 만드는 거야"라고 설명한다.

삶에 대한 진의 관조적 태도가 RM에게 미친 영향은 2018년 뉴욕 시티필드 공연에서 감동적인 김남준의 엔딩 연설로 다시 태어난다.

"LYS 월드 투어를 하면서 나는 스스로를 사랑하는 법을 배웠다. 여러분 팬들이 알려줬다. 스스로를 사랑한다는 것이 무엇일까? 그것을 발견하는 것이 우리의 미션이다. 내가 팬들을 이용해 스스로를 사랑하는 법을 배웠듯이, 여러분도 스스로를 사랑하는 법을 배우기 위해 BTS를 이용하라." (2018년 10월 6일 뉴욕 시티필드 경기장에서 열린 'LOVE YOURSEKLF' 월드 투어 공연 중)

BTS가 걸어온 길을 수놓은 이런 에피소드들은 유튜브, VLIVE,

정식 다큐 필름 등을 통해 팬들에게 끊임없이 전달된다. 데뷔 이후 어느 시점부터든 이들의 여정을 따라가는 관찰자는 '사람이 사람을 바꿀 수도 있고', '멤버들이 서로에게 좋은 영향을 미친다는 것이 무엇인지'도 확인하게 된다. 그들이 함께 길을 걸으며 만든 이야기는 그것이 끊임없이 현실로부터 목격되기 때문에 더욱 감동적으로 관찰자들에게 다가온다. 이들이 아티스트로서 스스로의 신체적·정신적 한계를 넘어야 하는 힘든 과정을 극복하며 서로를 격려하고 위안을 느끼는 순간들도 있지만, 무엇보다 모두가 동일시할 수 있는 일상의 소소한 즐거움, 서로에 대한 의지와 양보, 때로는 희생의 몸짓을 보여주기에 더욱 그렇다. 이웃집 아이들 같은 평범한 청년들이 서로 좋은 영향을 미치며 성장해서 그룹을 이룬다는 작은 영웅의 서사는 동시대 또래 청년들에게 큰 희망의 메시지가 아닐 수 없다.

그룹으로서 BTS의 성장과 그 결과로 얻어진 스스로를 사랑하라는 메시지는 삶이 막다른 골목이라 느껴질 때, 살아갈 이유를 찾는 청년들에게 자신과 타인을 받아들이게 하는 선한 영향을 미치고 있다. 적어도 이것을 이해한 BTS 팬들은 다른 팬덤과 때로 온라인 배틀을 할지언정, 아미들은 보이지 않는 거대한 친구 네트워크로 연결되어 있다고 느낀다. 세계 어디에나 있는 아미는 서로를 알아볼 수 있을 뿐만 아니라 서로를 알아보는 순간 친구가 될 수 있다는 것이다. 콘서트를 기다리며 이들은 캠핑을 한다. 줄을 선 아미들이 고달파하기는커녕 축제를 벌이는 것이다.

청년 세대의 아이콘: 비틀스, 데이비드 보위, 그리고 BTS

앞에서는 신자유주의적 세계화 속에서 동세대 및 세대 간의 계급 문제라는 이중적 소외를 겪는, 분투하는 청년 세대들이 어떻게 BTS가 다년간 이루어온 치유와 성장의 메시지에 감동하고 아미라는 팬 네트워크를 형성하게 되었는지를 살펴봤다.

그런데 청년 세대가 대대적으로 대중문화 속에서 희망과 위안을 찾은 것은 이번이 처음은 아니다. 연구 과정에서 BTS에게 구원받았다는 아미들의 증언에 대해 40대 이상의 어른들은 "나는 데이비드 보위에게 구원받았어. BTS는 뭐가 달라?", "BTS가 비틀스만 할까. 비틀스처럼 50년 후에도 누군가 이들의 음악을 듣겠어?"라고 묻곤 했다.

때마침 영미 언론들이 BTS를 비틀스에 비교하면서, BTS의 음악을 잘 모르는 일반 대중의 호기심이 극대화되었다. BTS가 1년 이내의 기간에 미국 '빌보드200'에 앨범 세 개를 올리면서 지금까지 이런 대기록을 세운 미국 외의 그룹이 비틀스와 BTS뿐이라는 사실이 부각되었다. 그러자 두 그룹 모두 보이 밴드로서 미국 내에 시끄럽고 거대한 팬덤을 형성하며 '상륙'했다는 등의 여러 외형적 유사성을 기반으로 서구 미디어는 BTS를 비틀스와 비교하기 시작했고, 급기야 BTS를 21세기의 비틀스라고 불렀다.

특히 BTS가 〈레이트 쇼 위드 스티븐 콜베어(Late Show with Stephen Colbert)〉에 출연할 때는(2019년 5월 15일), 1964년에 처음

미국 텔레비전 프로그램 〈에드 설리번 쇼(The Ed Sullivan Show)〉에 등장한 비틀스의 모습을 패러디해서 흑백 화면에 검은 양복 차림으로 나타났었다. 이를 계기로 서구 언론이 BTS와 비틀스를 비교하는 패러다임이 더욱 강화되었고, 두 그룹의 성공담의 유사성이 머리 모양과 패션 등의 시각적 유사성을 통해 더욱 강조되었다.

그러나 이런 외형적 공통점들을 넘어 가까이에서 들여다보면 음악의 내용과 성공의 의미에서 두 그룹은 크게 다르다. 비틀스는 영국의 전후 경제 재건의 혜택이 미치지 못하던 사각지대에 놓인 청년 노동자 문화를 배경으로 등장하기는 했으나 당대 거리의 청년 문화와 비틀스 음악의 관계는 상당히 모호한 편이었다. 반면 BTS는 엄격한 한국의 연예 산업 속에서 탄생했지만, 멤버들의 지방성, 연예 산업 내부에서 BTS의 위치, 아이돌 연습생이라는 주변적 청소년으로서 멤버들의 경험을 배경으로 강한 세대 담론을 장착하고 활동을 시작했다.

〈Love Me Do(사랑해주오)〉나 〈I Wanna Hold Your Hand(네 손을 잡고 싶어)〉와 같은 애매한 청소년용 사랑 노래를 통해 인기를 얻기 시작한 비틀스가 영미 문화 산업이 마련한 스타의 길을 걸으며, 존 레넌이 보여주듯 유명인으로서 차츰 문화적, 정치적 의미를 확대해나갔다면, BTS는 처음부터 '꿈이 없어도 괜찮아'라며 무한 경쟁과 자기계발 프로그램 속에서 지친 청소년들에게 직접 말을 걸었고, 이에 계급 하락의 위기와 그로 인한 불안에 처한 세계의 청년들이 SNS를 통해 직접 응답했다. 비틀스 마니아 현상이 당시 백인 중산층 10대 소녀들에게 가해진 성적 압력에 대한 자기 목소리의 분출이었다면, 아미가 보여주는 BTS 열기는 강한 이성애적 정상성 아래 억압되었던 성정체성의 해방과 트럼프 시대의 지배적 남성성에 대한 반항을 내포한다.

그런데 비틀스와 BTS는 사실 시간적으로 너무 떨어져 있는 그룹 아닌가. 시간적 거리로 인해 이들을 비교하는 것은 어렵지만, 당대 청년들의 아이콘이었던 데이비드 보위와 BTS를 비교하는 것이 더 타당해 보인다.[*] 보위와 BTS는 열정적이고 거대한 팬 베이스를 지녔고, 비주류적인 지적 사고로 청년 세대에게 어필했으며, 철학적 사고와 연결된 서로 다른 여러 사이클을 통해 음악을 발전시켰다는 공통점을 지닌다. 이에 비하면 비틀스의 작업은 70년대 멤버들이 다양한 방향으로 개인 활동을 전개하면서 이리저리 분산되었을 뿐, 보위나 BTS처럼 일관성 있는 메시지나 집단적 미션으로 통합되지 않는다. 비틀스 멤버들이 개인 활동으로 소진되었다면 보위는 시대정신의 서술자로서, BTS는 메시지 전달자로서 활동했다.

보위와 BTS는 개인과 그룹이라는 큰 차이가 있지만, 화장, 염색, 패션으로 스스로를 시각적으로 특별하게 표현하는 것을 중시한다

---

[*] 보위와의 비교에 관해서는 이 글을 참조했다. (Sarah C, "Bowie, BTS And The Beatles: Artists As Generational Messengers", 《Medium》, 2019. 4. 15. https://medium.com/@selizabethcraven/bowie-bts-and-the-beatles-artists-as-generational-messengers-54c6413d02b4)

는 점, 가사를 통해 정체성을 만들어나가고 공연 시에 시각적 충격을 주며 예술적 레퍼런스를 많이 활용한다는 점, 열렬한 팬 베이스에게 구원의 심벌이라는 점 등 많은 유사성을 지닌다. 이 둘의 차이는 전자가 이 과정을 통해 스스로를 초능력적 선지자로, 멀리 있는 스타로 만들어갔다면, BTS는 동일한 음악 세계를 지닌 일곱 멤버들이 팬 베이스를 단순히 팬이 아니라 친구로 친근하게 대한다는 점이다. 팬들은 BTS를 우러러보기도 하지만 비판하기도 한다. 단순히 도달할 수 없는 우상이 아니라 롤모델, 규범, 친구로서의 아이돌로 대하는 것이다.

보위의 팬을 구성하는 베이비부머들이 개인적인 문제를 해결하기 위해 스스로의 내면으로 침잠했다면, BTS의 팬인 밀레니얼과 그 세대는 사회적 원인을 지닌 문제들을 집단 내적으로 해결하려 한다. 보위의 세대가 혼자 길을 잃었다면, BTS 세대는 서로 의지하며 함께 길을 잃는 것이다! 한 인터뷰에서 BBC 기자가 BTS의 긍정적 영향이 뭔지, 전하고 싶은 메시지가 뭔지에 대해 질문하자 RM은 이렇게 답했다.

"삶은 아이러니로 가득하고, 모든 좋은 것은 투쟁과 눈물의 결과다. 겉은 다르지만 우리 속을 들여다보면 스스로를 사랑해야 함을 알 수 있다. (…) 팬들의 에너지와 우리의 에너지가 만나서 아이러니를 극복해야 한다." (2019년 4월 17일 서울 동대문 디자인플라자에서 열린 'MAP OF THE SOUL : PERSONA' 발매 기념 글로벌 기자간담회 중)

어느 세대든 분투와 희망과 꿈과 즐거움을 구현하는 장기적인 시대정신(long-term zeitgeist)이 있다면, 60년대 냉전시대에 이 역할을 한 것은 자유로운 영혼을 구현한 비틀스였다. 여러 가지로 BTS가 지금 청년 세대에게 이런 역할을 하고 있는 듯하다. 적어도 지금까지는.

4장

아미가 된다는 것,
아미로 산다는 것

: 모든 현상 뒤에 그들이 있다

"(BTS는) 나를 더 좋은 사람으로 만들었다. 그들 덕분에 여러 이슈와 사정에 대해 더 알고 싶어졌고, 내가 확신이 없었던 일들을 하게 되었다. 사람들에게 내 문제를 얘기하는 일 같은 것. 나 자신을 표현할 것인가 말 것인가 같은 문제. BTS는 그래, '너 자신을 표현해'라고 한다. 그들은 내가 좋아하는 일을 대하는 나의 성격과 태도에 영향을 준다."
(Ines, 15세, 프랑스, 파리 콘서트 후 숙소 인터뷰)

"BTS는 인종이나 외모, 남들이 스스로를 드러내는 방식 같은 모든 것에 대해 잣대로 평가하지 않도록 해준다. 이들 덕분에 모든 것에 대해 훨씬 열린 마음을 갖게 되었다. 그리고 BTS를 사랑한다는 이유로 트위터를 통해 많은 친구를 얻었다. 이건 정말 굉장한 일이다. BTS의 팬이 아니었다면 이렇게 전 세계에서 온 사람들을 만날 수는 없었을 것이다. 지구 여러 곳에서 온 사람들을 만난다는 것 자체가 흥분되는 일이다."(Tanja, 24세, 오스트리아, 베를린 공연장 인터뷰)

BTS 현상을 특징짓는 가장 두드러진 요소는 뭐니 뭐니 해도 팬덤이다. BTS가 미디어와 비평가, 학자들의 관심을 얻기 시작하면서 쏟아져 나온 글들도 대부분 팬덤에 관한 것이다. 빌보드에서의 연속적인 소셜아티스트상 수상, 소셜50 통산 164주 1위(2020년 1월 8일 기준), 대형 스타디움에서 열리는 콘서트 티켓의 기록적인 판매 속도, 한국어로 노래를 따라 부르는 수만의 관객 등 일반 관찰자가 "어떻게 이런 성공이, 이런 현상이 가능하지?"라고 질문하게 하는 모든 현상 뒤에 BTS를 충실하게 사랑하는 팬들이 있다.

이들의 수는 팬카페 가입자 수나 트위터의 팔로어 수 등으로 대략 짐작이 가능할 뿐, 실제 크기와 중심성, 거버넌스 방식과 인구 사회학적 데이터에 대해서는 구체적으로 알려지지 않았다. 그러나 여러 정황으로 보아 15~24세를 중심으로 팬층이 넓어지고 있으며, 여성이 다수인 가운데 남성 팬들이 증가하는 추세다. 초기 글로벌 아미의 형성은 2014년 무명의 방탄소년단이 LA의 케이콘과 소극장 공연을 하면서 미국에서 시작된 것으로 알려져 있다. 지금도 빌보드 순위를 위해 조직적 활동을 보여주는 미국 팬들로 인해 글로벌 아미의 본진이 미국인 것처럼 보이지만, BTS는 유럽과 남미, 아시아, 중동에 이르기까지 실로 전 세계에 팬을 거느리고 있다.

- 공식 팬카페 가입자 수: 1,623,670명
- 트위터 팔로워: 30,300,000명
- V Live 팔로워: 23,624,793명
- 위버스 가입자 수: 6,730,000명
- 유튜브 구독자:
  Big Hit Labels 46,200,000명
  BANGTANTV 39,500,000명
- 유튜브 조회수:
  DNA 11억
  작은 것들을 위한 시 10억
  Fake Love 7.9억
- 1억 조회수 뮤직비디오 수: 32개
- 2020년 유튜브 최다 조회 아티스트 (49억 6500만 뷰)

숫자로 보는 BTS 팬덤 (2020년 11월 2일 기준)

BTS 멤버들의 트윗으로 전 세계 트윗 망이 불타오르는 정보시각화 영상을 보면, BTS는 현재 지구에서 가장 적극적으로 반응하는 최대의 팬덤을 지니고 있다고 해도 과언이 아니다. 아미에 대해 책을 낸 이지행의 말대로, 이들은 "유사 이래 자기 아티스트에 대해 가장 할 말이 많은 팬덤"이다. 모든 곳에 존재한다고 SNS를 통해 표현하는 아미. 그러나 이들이 누구인가에 대해서는 상대적으로 잘 알려져 있지 않다. 우리는 이벤트 속에서 드러나는 아미가 움직이는 방식을 통해 이들이 누구인가에 대한 정보를 얻을 수 있을 뿐이다. 글로벌 팬덤으로서 아미가 어떻게 형성되었고 케이팝 팬덤과 어떤 관계에 있는지는 앞의 1장에서 다루었다.

BTS 팬덤은 기존 케이팝 팬덤의 양적 확대로만 볼 수 없는 무언가를 지니고 있는데, 이 차이가 구체적으로 무엇인지, 그런 차이가 BTS 현상에 대해 우리에게 무엇을 알려주는지는 앞으로 연구자들이 구체적 연구를 통해 답해나가야 할 질문들이다.

현장의 아미를 만나다

그래서 이 장에서는 이미 잘 알려진 아미의 활동 자체에 대해서는 꼭 필요한 경우를 제외하고는 별도의 지면을 할애하지 않을 것이다. 그보다는 이 책의 중요한 집필 계기가 되었던, 빅히트가 지원한 〈BTS의 해외 팬덤에 대한 현장연구〉(2018년 8월~2019년 6월)를 수행하는 과정에서 만난 아미들과의 인터뷰, 그리고 그 과정에서 실시한 BTS 팬들의 문화 활동과 음악 취향에 대한 조사에 기초해서, 이들의 팬 활동이 어떤 삶의 맥락 속에서 이루어지는지, 아미의 사회적·문화적 정체성에 초점을 맞출 것이다.

아미는 전 세계에 퍼져 있기 때문에 콘서트 현장에서 만난 팬들을 대상으로 한 이 연구 결과를 일반화할 수는 없다. 콘서트 현장에서 만난 팬들은 BTS를 만나기 위해 시간과 돈을 들인, 참여도가 높은 팬들이다. 또한 이들이 가족이나 친구와 함께 콘서트 티켓을 구입하고 콘서트를 위한 여행도 감당할 수 있는 중산층이라는 것도 감안해야 한다. 2011년 파리의 SM 공연 때, 한국 기자들은 현장에서 유럽 전체에서 모인 백인 중산층 청중을 보면서 케이팝의 유럽 팬들이 아시아 이민자나 유색의 청소년들일 거라는 고정관념을 털어낼 수 있었다. 하지만 이런 고정관념의 생성과 파괴 또한 부분적이고 정황적이라는 사실을 고려해야 한다. 대신 유튜브에 넘쳐나는, BTS와 케이팝에 대한 팬과 전문가들의 리액션 비디오나 여러 온라인 공간에서 쏟아지는 댓글에서는 훨씬 여러 계층의 다문화적인 성격이 드러난다.

연구팀은 2018년 8월 25일 BTS의 LYS 월드 투어 서울 공연을 시작으로 콘서트 현장에서의 직접 모집과 사전 온라인 모집을 통해 그해 9~10월에 현장에서 인터뷰를 실시했다. 미국 LA, 텍사스 포트워스, 베를린, 파리에서 총 92명의 팬(서울 다섯 명, LA 23명, 포트워스 20명, 베를린 20명, 파리 24명)이 인터뷰와 설문에 답했다. 그밖에 서울의 장년 팬 몇 분도 인터뷰했다. 개인이나 그룹으로 짧게는 30분, 길게는 두 시간 넘게 팬들이 편하게 속내를 털어놓을 수 있도록 준비한 장소에서 인터뷰를 진행했다. 인터뷰 질문은 온라인 관찰과 기존 팬덤 연구를 참고하여 아미라는 팬 공동체의 의미, BTS 콘텐츠의 소비 방식, BTS의 문화적 정체성, 그리고 팬들의 인종과 젠더 정체성에 대한 것이었다.

인터뷰 대상자들은 아미의 인구사회학적인 대표성을 전혀 지니지 않기 때문에 대답을 정량적으로 처리하지 않았다. 인터뷰 대상자의 연령은 20대가 67명으로 가장 많았고 30대 이상은 10명, 10대는 세 명이었다. 10대가 적은 것은 현장에 10대 팬이 많았음에도 연구윤리지침에 따라 미성년자를 인터뷰하기 위해서는 보호자의 동

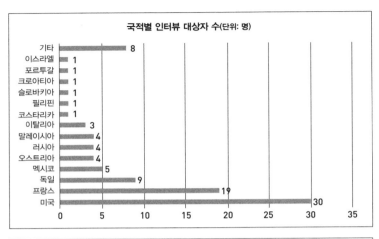

국적별 인터뷰 대상자 수(단위: 명)

기타 8
이스라엘 1
포르투갈 1
크로아티아 1
슬로바키아 1
필리핀 1
코스타리카 1
이탈리아 3
말레이시아 4
러시아 4
오스트리아 4
멕시코 5
독일 9
프랑스 19
미국 30

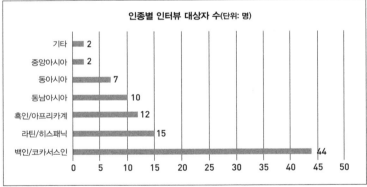

인종별 인터뷰 대상자 수(단위: 명)

기타 2
중앙아시아 2
동아시아 7
동남아시아 10
흑인/아프리카계 12
라틴/히스패닉 15
백인/코카서스인 44

자료: 홍석경, 〈BTS의 해외 팬덤에 대한 현장연구〉

의라는 시간적으로 해결하기 힘든, 별도의 절차가 필요했기 때문이다. 인터뷰 대상자의 국적은 총 21개 국가로 전 세계의 팬들이 미국과 유럽에서 열리는 콘서트를 보기 위해 움직였음을 보여준다.

인터뷰 대상자의 인종은 스스로 대답한 정보에 따르면 백인 44명, 아시아인 19명, 라틴/히스패닉 15명, 흑인 12명, 그리고 기타 2명으로 백인이 가장 많았다.

아미가 된다는 것(Becoming Army), 아미로 산다는 것(Being Army)

내가 여러 미디어를 통해 BTS에 대해 쓰고 인터뷰하자 많은 팬들은 SNS에서 "교수님도 아미임에 틀림없다"고 짐작했다. 스스로 질문해봤다. 나는 아미인가? 어떤 활동이 스스로를 아미라고 규정하게 만들까? BTS의 노래를 즐기면 아미인가? SNS의 BTS 콘텐츠는 어느 정도 섭렵해야 하나? 최애가 있어야 할까?

적어도 2017년부터 BTS가 가는 길을 유심히 관찰했고 2018년 8월부터 BTS 현상에 대해 집중 연구 중임에도 나는 '덕력'이 부족해 유튜브의 모든 BTS 콘텐츠를 섭렵해야 가능하다는 아미 팬카페 가입에 성공할 실력은 되지 못했다. 또한 아미의 움직임과 팬덤의 화력이 집중되는 트위터를 하지 않는다. 이미 넘쳐나는 동영상과 기사들을 쫓기에도, 케이팝과 BTS의 행보가 이끌어가는 문화 연구의 주제들과 문제의식을 갈고닦기에도 시간이 모자라 트위터까지 관찰하는 것은 역부족이었다. 또한 인터뷰와 현장관찰이라는 질적 연구 방법을 통해 사회과학의 여러 화두와 연결된 연구를 수행하기 위해서는 팬덤 내부에서의 관찰을 통해 아미 연구

만을 목표로 하는 입지와는 다른 사회학적 거리가 필요했다.[•]

따라서 이 책은 BTS를 사랑하지만 팬심에는 빠지지 않은 관찰자의 입장에서, 최대한 BTS의 팬들과 BTS의 음악 및 메시지에 발언권을 주는 입장을 견지하며 집필되었다.

그럼 누가 아미인가? 어느 순간부터 아미인가? 팬들의 언어를 빌리자면 팬들은 이 정체성에 "빠진다". "입덕"하면 "탈덕"이 불가능한 "개미지옥"에 빠져서 이성을 잃고 스스로 "미친 짓"이라고 규정하는 일들을 하게 되는 거대한 매력과 에너지 넘치는 삶으로 뛰어드는 것이다. 연구에 참여한 팬들은, 아미가 된다는 것은 단순히 BTS를 좋아한다는 것을 넘어서는 일종의 정체성의 확립이라고 말했다. 인터뷰했던 팬 중에는 자신이 BTS를 좋아하긴 하지만 팬 혹은 아미는 아니라고 대답한 사람도 있었다. 그들은 지속적으로 자신을 BTS의 팬덤과 분리해서 설명하고자 했다. 이처럼 BTS의 팬 아미가 된다는 것은 결코 가볍지 않은 헌신을 요구하며, 아미라는 정의에 자신을 포함하기까지의 과정 또한 단순하지 않다.

만남: BTS의 세계(BU)에 빠지기

팬들이 BTS를 처음 만나는 것은 예상할 수 있는 대로 다양한

[•] 아미 학자의 아미에 대한 훌륭한 모노그래프가 이미 출판되어 있다. 바로 이지행의 《BTS와 아미컬처》다.

SNS를 통해서다. 유튜브에서 우연히 만난 후 팬덤 페이지를 소개하는 아미의 지도에 따라 BTS 음악의 세계로 들어오거나(Josina, 19세, 독일, 베를린 공연장 인터뷰), 유튜브에서 유달리 많은 양을 차지하는 리액션 비디오를 통해서(Bela, 19세, 독일, 베를린 공연장 인터뷰) 케이팝 가운데 우연히 BTS를 듣고 좋아서, 힙합이 강한 BTS의 음악을 좋아하다가 최애 멤버에 빠져서(Kylie, 22세, 미국, LA 스테이플 센터 앞 인터뷰) 팬이 되는 경우가 있었다. 그 외 텀블러, 인스타그램 같은 다른 SNS 플랫폼에 올라온 연습 장면 등을 보고 호기심에 유튜브를 찾아보다가(Lindsay, 24세, 미국, 포트워스 컨벤션 센터 앞 인터뷰) 아니면 유튜브 맞춤 동영상에 오른 BTS의 뮤직비디오를 보다가(Jayla, 20세, 미국, 포트워스 컨벤션 센터 앞 인터뷰) 팬이 되기도 했다. 또는 이런 여러 요소들이 섞여서 BTS의 음악을 처음 접하게 된다. 어느 경우든 SNS 플랫폼이 핵심적 역할을 했는데, 이는 단지 아미만이 아니라 전 세계 케이팝 팬덤의 특성이다.

이렇게 BTS를 처음 접한 팬들은 대부분 유튜브에 올라와 있는 뮤직비디오를 찾아보면서 유튜브의 비디오 추천 시스템을 통해 방대한 양의 BTS 관련 콘텐츠에 빠지게 된다. BTS 콘텐츠가 끊임없이 생산되어 그야말로 팬들에게 '일용할 양식'을 제공하는데, 팬들은 이런 막대한 상시적인 콘텐츠 제공을 서구 대중문화와 차별되는 가장 큰 특징으로 느끼고 있다.

"또 다른 점은 케이팝 속에서 팬들은 기본적으로 엄청난 양의 콘텐

츠를 즐길 수 있다는 거예요. 여긴 그런 것이 없어요. 서구 아티스트들
은 앨범 하나 만드는 데만 1년이 걸려요. 발매 후에는 1, 2주간 프로모
션을 하고 공연 투어를 시작하죠. 그 후에 1년은 아무것도 안 해요. 그
런데 케이팝은 앨범을 내고 투어를 하고 또 다른 앨범을 내고 홍보를
하고 수십 개의 TV프로그램에 출연해요. 〈BTS 본보야지〉를 하고 다
른 앨범, 또 다른 앨범을 계속 내죠. 항상 고(go), 고(go), 고(go)예요."
(Maren, 21세, 오스트리아, 베를린 공연장 인터뷰)

팬들은 BTS의 트랜스미디어 전략을(2장 참조) 정확한 용어로 이
해하고 있지는 못하지만, BTS가 만들어내는 콘텐츠에는 '개념
(concept)'이 있다는 것, 그리고 다른 그룹들도 '개념'을 가지고는
있지만 "책을 쓸 정도로" 두터운 BTS의 '개념'에는 미치지 못한다
는 것, 이것이 바로 BTS를 특별하게 만들어준다는 것을 안다. 팬
들은 이런 두터운 트랜스미디어 텍스트가 팬들을 BTS의 세계에
적극적으로 개입하게 한다고, 그리고 전체를 이해하기 위해 서로
협력하게 한다고 토로한다. 새로운 뮤직비디오가 나올 때마다 이
것이 기존 콘텐츠와 어떻게 연결되는지 확인하기 위해 과거의 뮤
직비디오를 다시 보게 만든다는 것이다. 팬들은 BTS 멤버들이 소
셜미디어를 잘 활용해서 팬들의 관심과 사랑을 유지하고, 팬들과
의 인간적인 관계를 공고히 하며, 팬층을 유지·확대한다는 것도
잘 이해하고 있었다.
　BTS 멤버들의 소셜미디어 활동이 팬들에게 어떤 의미인지 좀

더 자세히 들여다보자. 팬들은 BTS의 트랜스미디어(대부분 '개념' 이라는 말로 표현됨)와 소셜미디어 사용 정도가 전례 없이 유니크한 수준임을 알고 있다. 이들은 멤버들의 소셜미디어 활동이 팬에게 직접 "말을 하는" 행위라면서 덕분에 멤버들과 "개인적으로 가깝게 느끼게" 되고, 멤버 중 한 명과 동일시가 이루어지기도 한다고 토로한다. 또한 수많은 BTS 콘텐츠 속에서 멤버들이 각종 '임무(tasks)'를 수행하는 과정에서 멤버들의 개인적 성향이 그대로 드러난다는 것, 즉 이들이 산업적으로 만들어진 존재만은 아니라는 사실을 강조하며, 이것이 BTS를 다른 서구 그룹들과 구분 짓는 특성이라고 말한다. 그들이 그 많은 콘텐츠 속에서 '연기'를 할 수는 없을 것이기 때문에 멤버들의 진정한 모습을 여과 없이 볼 수 있고 이것이 엄청나게 매력적인 일이라는 설명이다.

최애: 내가 어려울 때, BTS가 나를 구해주었다

소셜미디어를 통해 BTS 콘텐츠에 접근하고 BTS 멤버들의 소셜미디어 활동을 통해 친근한 관계가 성립되면, 그 과정에서 최애(bias)가 형성된다. 최애란 멤버 중에 가장 좋아하는 개인을 지칭한다. 최애는 그가 무슨 짓을 해도 편들 수밖에 없는 편향이 작동함을 자각하고 있음을 보여주는 용어다. 그저 멤버들의 어떤 성격이나 능력이 좋아서 최애로 삼기도 하지만, 대부분은 한 멤버와 자신을 동일시하면서 최애로 삼는다. 자신을 동아시아인이라고 표기한 줄리아나의 경우(Giuliana, 23세, 이탈리아, 베를린 공연장 인터뷰) 잘 웃고 주위 사람들을 즐겁게 해주려고 노력하는 지민의 성격이 매우 좋다면서 때로는 자신과 지민이 매우 닮았다는 생각이 든다고 한다. 이것은 최애를 통해 스스로를 긍정적으로 투사하는 경우다. 이는 자신이 멤버 중에 제일 시끄러운 제이홉과 닮았다고 말하는 제이라(Jayla, 20세, 미국, 포트워스 컨벤션 센터 앞 인터뷰)의 경우도 마찬가지다. 자신도 슈가처럼 싫고 좋은 감정을 가감 없이 드러낸다고 말하는 타냐(Tanja, 24세, 오스트리아, 베를린 공연장 인터뷰) 그룹의 맏이라는 위치와 자신의 위치를 동일시하여 진의 모든 것이 좋다는 베키(Becky, 28세, 코스타리카, LA 스테이플 센터 앞 인터뷰) 등 팬들은 멤버 중에 한 명이 자신을 닮았다고 느낀다.

이런 팬들의 언어를 통해 새롭게 발견한 것은 '최애'의 선택이 자신에게 없는 것을 지닌 멤버들에 대한 '선망'이라기보다는, 자신과 닮은 멤버들과의 '동일시'를 통해 스스로를 긍정적으로 이해하는 과정이라는 점이다. 선망은 욕망의 대상과 자신의 처지 사이의 거리를 상정하고 있기 때문에 욕구를 충족시키기보다는 욕망을 가중시키는 메커니즘을 발동시킨다. 그러나 동일시는 욕망의 대상과 자신을 일치시키기 때문에 욕망의 대상과 자신의 처지 사이에 괴리가 없다.

이런 동일시 메커니즘은 팬들의 언어에서 자주 만나게 되는, "내가 가장 어려울 때, BTS가 나를 구해주었다"라는 마치 종교적

신앙 경험과도 같은 극적인 고백들을 일부 설명해준다. 팬들은 가장 힘든 상황에 빠졌을 때, 고달픈 연습생 시절을 극복하고 성공한 BTS 멤버 중 한 사람과의 동일시를 통해 '나를 닮은 저들도 해내는데, 나도 할 수 있어'라는 용기를 얻는다. 멤버들과의 동일시 메커니즘 위에 팬덤이 형성되어 있기 때문에 BTS의 엄청난 성공으로 멤버와 자신의 거리가 멀어졌다고 느끼기보다는 계속해서 BTS에게 "꽃길만 가자"고 기원해주는 팬덤이 가능하게 된다.

BTS가 수많은 자체 제작 영상 콘텐츠를 통해 보여주는 내용 또한 팬들이 성공한 그들과 괴리감을 느끼지 않도록 수수한 모습이다. BTS 멤버들의 소비 수준이나 패션 아이템들에 초점을 맞춘 '영앤리치(young and rich)' 담론이 BTS와 팬들 사이의 거리를 벌릴 수도 있다. 하지만 BTS 멤버들은 SNS를 통해 항상 평범한 즐거움으로 소일하는 수수한 모습을 보여주기 때문에 팬들로서는 '이들이 겉보기에는 큰 성공을 거두었지만 실제로는 여전히 나의 동일시 대상으로 남아 있다'고 느끼게 된다. 화려한 공연 후에 BTS 멤버들이 호텔방에서 벌이는 수수한 먹방이나, 스테이크에 이어서 먹는 한국에서 공수된 컵라면 등이 그런 역할을 한다.

팬들은 이런 영상 콘텐츠에서 드러나는 멤버들의 성격이 그룹 내에서 분배된 역할일 거라고 생각하기도 하지만, 그와 상관없이 '최애'를 만들고 멤버들을 본명이나 그룹 내의 예명으로 구분 없이 섞어서 부르는 등 트랜스미디어의 서로 다른 두 층위 사이 멤버들의 정체성을 혼동하기도 한다.

아미라는 커뮤니티의 힘

BTS의 팬이라는 정체성 형성 이후, 아미라는 소속감이 팬 정체성의 유지와 강화에 큰 역할을 한다. 개인주의적인 서구의 팬들이 강한 유대를 보이는 커뮤니티에 대한 소속감을 갖는다는 것은 학연, 지연, 혈연의 네트워크를 비롯해서 여러 공동체와의 크고 작은 소속감 속에서 살아가는 한국 팬들에 비해 매우 특별한 의미를 지닌다. 모르는 사람과는 대화하지 않는 것이 원칙인 사회에서 자신과 많은 정보와 경험을 공유하는 아미의 다른 구성원과의 관계는 곧 신뢰의 관계로 느껴지고, 이것은 이 세대에게 매우 특별하고 긍정적인 경험이 된다. 뿐만 아니라 아미가 전 세계에 퍼져 있다는 사실은 곧 어디서든 자신을 따스하게 맞이해줄 친구, 언제든 말을 걸어주고 서로 이해해줄 친구가 있다는 것과 동일한 강력하고 긍정적인 팬 커뮤니티 형성 요소다. 이것은 일생을 통해 서로 의지할 수 있는 친구를 얻었다는 강력하고 긍정적인 응원(empowerment)으로 작동한다.

"파리에 가도 친구가 있고, 스페인에 가도 친구가 있어요. 어디를 가든 나를 맞이할 누군가가 있다는 것은 매우 기분 좋은 일이에요. 게다가 BTS에 대한 사랑이라는 공통의 이해가 있어요. 이건 마치 얘기할 누군가가 필요할 때 항상 누가 뒤에 있다는 느낌과 같아요."(Tanja, 24세, 오스트리아, 베를린 공연장 인터뷰)

"(BTS 덕에) 수많은 온라인 친구를 만났어요. 그래서 이제는 정신 건강상의 문제든 뭐든 어려운 시간을 극복하도록 도와주는 것이 BTS만은 아니에요. BTS 덕분에 인생을 같이할 친구들을 얻었어요. 이들은 내 삶의 질을 엄청나게 향상시켰어요."(Maren, 21세, 오스트리아, 베를린 공연장 인터뷰)

아미가 멤버의 생일 같은 기념일에 사회적 약자를 위해 기부를 한다거나 나무를 심는 등의 사회성이 높은 활동을 조직하는 것, 또는 유튜브에서 누군가 힘들어하고 자살을 언급할 때 BTS의 '스스로를 사랑하라'는 메시지를 통해 그를 지지하고 자해 위험에서 구해내는 것 등은 온라인에서 모두 공개되어 관찰 가능한 일들이기 때문에 아미들의 자존감과 연대를 더욱 강화하는 것으로 보인다.

"유튜브에서 어떤 여자애가 자살할 거라고 말했어요. 그러자 수많은 아미들이 그 애를 둘러싸고 설득했어요. 절대 그러지 말라고, 너는 좋은 사람이니까 스스로를 사랑하고 우울에 빠지지 말라고. 그들도 안 그럴 거라고. 너는 여전히 우리에게, 그리고 이 세상에 의미가 있다고. 아미들은 그 여자애가 우울과 자살 충동을 극복하도록 도와줬어요. 이건 정말 엄청난 일이죠."(Dominique, 27세, 미국, 포트워스 컨벤션 센터 앞 인터뷰)

아미가 이처럼 정신 건강에 민감해진 것은 이 세대가 직면하고 있는 여러 가지 개인적, 사회적 문제들이 원인이겠지만, 아미라는 커뮤니티에 한정해보면 자신의 개인 앨범에 본인이 우울과 투쟁하던 경험을 쏟아넣은 슈가의 영향이 크다. 자전적 경험을 속속들이 표현하는 믹스테이프 《August D》에서 슈가는 가족들도 이해해주지 않는 꿈을 이루기 위해 서울로 올라와 연습생 시절에 겪은 생활고와 좌절을 직설적으로 풀어놓는다. 특히 〈마지막(The Last)〉에서 토로한 정신과 치료를 받았던 과거는 수많은 팬들의 인터뷰 속에서 회자되었다. 우울, 강박, 대인기피, 자기혐오에 시달리며 새벽 알바와 배달 알바를 하다가 사고로 어깨를 다친 슈가의 모습은, 불안한 미래로 스스로를 투사하지 못하고 강퍅한 현재의 노동으로 분투하는 동시대 청소년들의 현실과 문제에 직접 닿아 있다. 이런 어려움을 극복하고 그룹으로서 성장하며 성공한 BTS의 존재 자체가 후기자본주의 소비사회라는 막다른 골목에 갇힌 동시대 청년 아미들에게 큰 위로가 되는 것은 충분히 이해할 수 있는 일이다.

위로와 구원의 커뮤니케이션

아미의 커뮤니티 정체성이 강해지고 조직된 힘을 발휘하게 되면서 BTS가 높이 비상하게 되자, BTS는 스스로 상당수의 노래들 속에서 아미와의 관계, 팬들에 대한 고마움을 표현했다. BTS가 자신들을 지원해준 팬들에 대한 보답으로 전하는 것은 위로다. 2019년 서울 잠실 올림픽 주경기장에서 열린 LYS 월드 투어 마지막 공연을 다녀온 한 팬은 빅히트가 "위로를 주는 음악과 아티스트(Music and Artist for Healing)"를 완벽히 구현하고 있다면서 "방탄이 젊은이들을 데리고 사역한다. 교회가 기능을 못 하니 방탄이 쓰임받는 게 아닐까 싶을 정도"라고 했다. BTS와 아미의 관계가 종교적이라고 할 만큼 큰 임팩트와 감동을 지녔다는 것이다.

리더 RM은 매번 콘서트가 열리는 나라와 장소에 맞게 감동적인 엔딩 메시지를 마련했고, 이와 더불어 BTS는 노래들을 통해 팬덤 아미에 대한 고마움을 표현해왔다. 특히 미국에서의 대성공 이후에 나온 비교적 최근 앨범에서는 더욱 진한 아미에 대한 사랑과 약속을 보여준다. "멈춰 서도 괜찮아 (…) 꿈이 없어도 괜찮아"(BTS, 〈낙원〉, 《LOVE YOURSELF 轉 'Tear'》)라면서, 《LOVE YOURSELF 結 'Answer'》 앨범의 마지막 곡인 동시에 LYS 월드 투어 공연의 마지막 곡인 〈Answer : Love Myself〉에서는 스스로를 사랑하는 것은 어렵지만 너무 자신을 학대하지 말고 받아들이자고 한다. 그 외 자신의 일부를 바침으로써 누군가를 구하는 작은 히어로 〈Anpanman〉 이야기, 그리고 궁극적인 팬 헌정 노래인 〈Magic Shop〉이 특히 인상적이다.● 2019년에 새로 시작한 사이클의 첫 번째 앨범 《MAP OF THE SOUL : PERSONA》의 타이틀 곡인 〈작은 것들을 위한 시(Boy With Luv)〉는 아미와의 사랑 이야기다, 아미 누구든 일인칭으로 대입해볼 수 있는.

Listen my my baby 나는/저 하늘을 높이 날고 있어/(그때 니가 내게 줬던 두 날개로)/이제 여긴 너무 높아/난 내 눈에 널 맞추고 싶어/Yeah you makin' me a boy with luv(BTS, 〈작은 것들을 위한 시(Boy With Luv)〉, 《MAP OF THE SOUL : PERSONA》, 2019)

이 노래에서 이카루스의 날개를 달아준 것이 팬이고, 그래서 너무 높이 올라왔지만 다시 내려와 팬들과 같은 눈높이에서 사랑하고 싶다고 말한다. 팬들은 BTS가 돌아올 집인 것이다.**

중장년 팬들의 이야기

BTS 팬덤은 청년층을 중심으로 건설되었으나, 빠르게 중장년

• "내가 나인 게 싫은 날 영영 사라지고 싶은 날/문을 하나 만들자 너의 맘속에다/그 문을 열고 들어가면 이곳이 기다릴 거야/믿어도 괜찮아 널 위로해줄 Magic Shop."

　공연에서 이 노래를 부를 때 팬들이 집단적으로 보이는 감정은 BTS의 위로 커뮤니케이션의 힘을 강하게 느낄 수 있게 해준다.

•• 갈림길에서 자꾸 생각나/볼품없던 날 알아줬던 너/니 생각에 웃을 수 있었어/니가 있는 곳/아마 그곳이 Mi Casa. (BTS, 〈Home〉, 《MAP OF THE SOUL : PERSONA》, 2019)

층으로 확산되고 있다. BTS의 최근 앨범들이 힙합보다는 팝의 성격을 더 갖추면서 일반 대중이 접근하기 쉬운 음악으로 바뀌기도 했지만, 무엇보다 이들이 다른 케이팝 그룹이나 동시대 연예인들에 비해 메시지가 있고 지적인 호기심을 자극하는 깊이를 지녔다는 점이 크게 작용하는 것으로 보인다. 주변에서 관찰되는 고학력 전문직 중장년 팬들의 열렬함은 온라인에서 조직적 힘을 발휘하는 아미 본진과는 차별적 팬 경험을 보여주리라는 가정 아래 서울에서 몇몇 중장년 팬들을 인터뷰했고, 이들이 스스로를 중장년 팬으로 드러내는 온라인 현상을 관찰했다. 청년층에게 BTS가 위로를 준다면, 중장년 팬들은 이들로부터 삶의 활력과 긍정적인 에너지를 얻는다고 답한다.

특히 함께 사는 행복과 관계 맺음에 대한 40대 후반 중소기업 CEO 여성 A의 지적은 의미심장하다. A는 BTS 멤버들이 멤버 진을 받아들이는 것을 보고 많이 배웠다고 토로한다. "처음엔 왜 저 멤버가 있나, 빼버렸으면 싶었다. 그러나 팀이 그를 소화하고 그가 스스로 역할을 찾아가는 것을 보고 많이 배웠다. 직원이 일을 못하면, 왜 그리 못하나. 교육시켜줄게, 배우고 일하라"는 등 신경을 곤두세우고 반응했었는데, 진을 소화하는 BTS를 보면서 많이 깨달았다는 것이다. 그 결과 일터에서 직원을 대하는 자신의 태도가 훨씬 차분해지고 히스테리도 줄어들면서 마음도 회사도 평화로워졌다고 한다. A는 더 나아가 가족도 커뮤니티도 해체된 세계, 일이 그토록 중요한 한국에서 BTS가 대안적 삶을 보여준다고 말한다.

BTS 멤버들은 함께 살면서 서로에게 밥을 먹었는지 묻고, 슬픔을 달래준다. 가족이 해체되어가는 현재, 학교도 경쟁으로 피폐해진 지금, BTS가 보여주는 공동체의 삶은 관계 맺음의 특별한 의미를 일깨우고 가족을 새롭게 정의한다는 것이다.

50세 대기업 관리자인 남성 B 또한 BTS가 집단(unity)에 대한 새로운 아이디어를 준다고 답한다. 가족이 아니면서도 "함께"할 수 있는 사람들이 "함께 잘되는 문화"를 구현하고 있는데, 이것이 지금 한국 사회에 부족한 무엇이라는 지적이다. 같이 산다고 이런 가치를 구현하는 것은 아니다, 합숙하는 모든 한국 연예계의 아이돌이 그렇지 못한 것처럼. 그에 따르면 "빅뱅은 좋은 그룹이지만 위계적이다. 그들은 BTS 멤버들만큼 친하지 않고 개인주의적이다. 빅뱅의 성공은 시스템의 성공이지 아티스트의 성공이 아니"라는 것이다.

61년생 화가인 C는 많은 장년 팬들처럼, 텔레비전에서 RM의 유엔 연설을 보고 관심을 갖기 시작했다. 특히 뮤직비디오 속에서 BTS가 예술을 활용하는 방식에 눈이 갔다. 그는 〈피 땀 눈물〉의 뮤직비디오를 수차례 언급하며 "이들은 공간을 회화적으로 다룰 줄 안다"고 했다. 그는 이를 통해 BTS의 노래들이 메시지를 담고 있음을 알게 되었다. 〈FAKE LOVE〉조차도 단지 사랑 노래가 아니라 진실이 없는 세상에 대한 노래임을 발견하고 BTS의 팬이 되었다. 그는 BTS의 트랜스미디어 세계까지 이해하지는 못하고 그 안에 '빠지지'도 않았지만, BTS 멤버들이 똑같은 옷을 입지 않고 개성 있어서 좋다고 한다. 그러면서 화가로서 이들의 극적인 춤과 동작을 사랑하기에 언젠가는 꼭 BTS를 모티프로 그림을 그려볼 거라고 다짐했다. 이 젊은이들이 자신의 세대 대신 세계 속에서 한국인으로서 뭔가 해내는 것이 자랑스럽다면서.

이런 중장년 팬들의 공통된 팬 경험은 BTS를 알고 나서 마음의 변화가 있다는 것이다. 이들은 대부분 젊은 BTS 멤버들로부터 긍정적 에너지와 생활의 활력을 얻는다. 실제로 춤을 좋아하는 A는 BTS의 춤을 개인 교습받기도 했다. 관찰 가능한 여러 온라인 공간에서 자신을 부모라고 소개한 수많은 영어권 중장년들도 유사한 증언을 하고 있다. BTS 멤버들이 보여주는 젊음과 순수함은 어린 시절에 대한 노스탤지어를 깨우고 긍정적 에너지와 활력을 주면서 국내외에서 확장되고 있다.

BTS의 언어, 한국어 배우기

영어와 프랑스어를 셰익스피어의 언어, 몰리에르의 언어라고 부르는 걸 듣고 부러웠던 적이 있다. 그런데 이제 한국어는 우리의 의지와는 상관없이 BTS의 언어가 되었다. 아미가 된다는 것은 (Being Army) 적어도 한국어, 로마자 표기, 영어 자막이 동시에 적힌 BTS 노래 영상을 섭렵하는 노력을 필수적으로 해야 한다는 의미다. 한국어를 직접 이해하고 따라 부르지는 못하더라도, 그 노래의 뜻을 영어로 이해하고 로마자 표기에 따라 부를 수는 있어야 한다, 속사포 랩이 섞여서 따라 하기 어려운 부분을 제외하고 후렴 부분이라도. 한국어 가사들 사이에 부분적으로 삽입되는 영어 단어와 문장이 사막의 호수처럼 달게 느껴지겠지만, 곧 수많은 팬들은 사막을 호수로 만드는 작업에 들어간다. 직접 한국어를 배워서 남이 떠먹여주기를 기다리지 않기로 작정하고 마는 것이다.

특히 BTS 멤버들이 직접 한국어로 전 세계를 향해 소통하는 VLIVE는 자막을 기대할 수 없는 상태에서 소통해야 하기 때문에, 한국어를 모르는 팬들은 그저 멤버들의 얼굴을 보고 커뮤니케이션 상황을 확인하면서 친밀성을 느끼는 데 만족해야 한다. 가장 간단한 카메라를 사용해서 한 명씩 소통하는 VLIVE는 대부분 공연 후에 호텔방에서, 아니면 앨범 발매 후에 작업실에서 이루어진다. 공연이나 앨범 작업의 후기와 코멘트, 또는 개인으로서 BTS 멤버들의 정서적 문제 등을 소통하기 때문에 팬으로서는 자신의 최애와 가장 친근한 영상을 통한 관계 맺기가 가능해진다. 이런 소통을 이해할 수 없다는 것은 아미에게는 큰 좌절로 느껴질 수밖에 없다.

로마자 표기와 영어 자막을 통해 한국어를 배우는 방식은 아미에게만 고유한 것이 아니다. 모든 케이팝 곡들이 유튜브 영상을 통해, 그리고 인터넷의 가사 번역 사이트를 통해 전 세계로 확산된다. 지금은 케이팝을 따라 부르는 팬들의 모습으로 한국어의 확장이 시각화되어 드러나지만, 예전에는 인터넷을 통한 한국 드라마의 보이지 않는 수용이 있었다. 2000년대 초중반에는 한국 드라마에 달린 영어 자막이 이어서 각국의 언어로 번역되더니 2000년대 말부터는 한국어에서 영어를 거치지 않고 여러 나라 언어로 빠르게 번역이 이루어지는 것을 볼 수 있었다. 이 모두가 어떤 제도 미디어의 중개도 없이 국제적인 팬들의 자발적인 조직과 분업 그리고 '열정 노동'으로 이뤄져왔다.

내가 한국 드라마의 수용이 인터넷을 통해 아시아 외부로 확산되는 환경을 연구하던 2009~2012년 당시, 북반구 대학의 시험 기간에 자막 달기 속도가 늦어지는 것을 보면서 번역 노동의 대부분을 외국어에 능한 대학생들이 담당한다는 것을 짐작할 수 있었다. 케이팝과 BTS의 번역과 수용에 대해 논하는 2020년에도 플랫폼이 변했을 뿐, 이런 기본 구조가 작동하고 있으리라는 것을 쉽게 예상할 수 있다. 단지 콘텐츠가 드라마보다 훨씬 짧고 가벼워졌고, 한국어를 영어로든 자국어로든 번역할 수 있는 팬들의 수와 한국어를 직접 수용할 수 있는 인구가 더 늘었다는 차이가 있을 뿐이다. 가장 근본적 차이는 팬들이 케이팝 뮤직비디오를 번역하면서 그저 보고 듣고 이해하는 것을 넘어 이제는 노래를 따라 부르고 춤도 추는 수행을 동반한다는 점이다.

2010년 전후 한국 드라마의 번역 과정에서, 예를 들어 '성균관'이나 '오빠'와 같은 단어들에는 문화적 각주가 달리는 것을 볼 수 있었다. '오빠'는 나이 많은 남성 형제만이 아니라 가족이 아닌 친근한 남성들, 특히 사귀는 사이에서 부르는 호칭이라는, 외국 팬이 이해한 한국 일상어 '오빠'의 사용에 대한 문화적 번역이 달리는 식이다. 이들은 BTS의 가사를 이해하기 위해 한국 문화의 특수성을 담은 뱁새, 쩔어, 땡, 흙수저, N포와 같은 단어를 검색하고 맥락을 파악하려 노력한다.

전 세계 한국 드라마 팬들이 분업과 전문화를 통해 체계적으로 수행하던 드라마의 문화적 번역에 해당하는 것이 유튜브에 넘치는 가사와 뮤직비디오에 대한 해설 동영상이다. 이미 텀블러와 유튜브 등 SNS상에서 모든 한국어 콘텐츠를 영어로 번역하는 블로거들에게 언어는 권력으로 작용하고 있다. 한국어를 안다는 것이 팬 위계에서 힘을 지니기 때문이다. 게다가 문화적 코드와 뜻을 해설할 수 있는 팬 커뮤니티의 중재자들(intermediaries)은 유튜버로서 나름의 유명세를 확립해간다. 트랜스미디어 스토리텔링을 할 뿐만 아니라 수많은 상징, 말놀이, 운 맞추기 등이 뒤엉겨 어렵기로 소문난 BTS의 가사들은 이런 중재자들이 존재하고 번성할 최적의 조건을 마련해준다. 〈땡〉처럼 화투놀이의 한 종류에 복잡한 문화적 코드를 입혀서 말장난을 한 노래의 경우, 한국 팬들도 단번에 알아들을 수가 없어서 전문적인 해석 영상이 생산되고 순식간에 수십만 뷰를 기록한다.

한류가 한국어 수요를 높이고 있다는 사실은 한류 현상의 근원지인 동아시아 내에서 일찌감치 드러났다. 학원업에 종사했던 A에 따르면, 2006년쯤 한류 덕분에 중국인, 일본인의 한국어 수강이 많았다고 한다. 한국어 강사가 슈퍼주니어를 모른다고 하자

국내 외국인 유학생 추이

출처: 2018 교육통계 분석 자료집

(단위: 명)   전체 합격

자료: 2018년 한국교육개발원 교육통계서비스(https://kess.kedi.re.kr)

중국 팬이 낙심하여 귀국한 사례도 있다고 한다. 한국 대학에 넘치는 외국인 유학생들의 추이는, 유학의 원인을 전수 조사한 데이터를 찾을 수는 없지만 대학 교수의 경험에 비추어 보건대, 한류가 적지 않은 영향을 미친 것으로 충분히 예상할 수 있다. 위의 표는 2005~2018년 사이에 국내 외국인 유학생의 수가 일곱 배이상 증가했음을 보여준다. 2018년 통계에 따르면, 그중 70퍼센트가 중국 학생, 7.2퍼센트가 베트남 학생이었고, 기타 아시아 국가 학생은 12.1퍼센트였다.●

케이팝과 케이컬처의 전진에 힘입어 해외 대학의 한국어 학과도 큰 호황을 맞이하고 있다. 매우 보수적인 유럽의 대학들도 수

요 증가에 못 이겨 드디어 대학 내에 그 변화를 반영하고 있다. 프랑스의 경우 2018학년도에 파리8대학 한국어 학과는 138명 정원에 1000여 명이 지원했고, 한국어 학과를 신설한 보르도대학은 40명 정원에 720명이 지원했다. 그중 일부는 주변 학과(중국어·일본어 학과)에 등록하거나 한국에서 어학연수를 하며, 소문이 무성하던 한국어 학과 신설을 기다리다가 지원한 학생들이라고 한다.

한국어에서 다소 멀어졌던 이민 후세대가 다시 한국어를 학습하고 있는 북미의 경우 상황은 조금 다르게 전개되는 듯하지만, 한국어와 한국학의 약진은 피부로 감지된다. 특히 아시아 출신 미국인, 한국인 재외동포 2세들이 케이팝을 통해 아시아인으로서 그리고 한국인으로서의 정체성에 자부심을 느끼는 경우가 많다는 연구들이 보고되고 있다. 재외동포를 포함해 전 세계 8000만~1억 명의 인구가 사용하며, 디지털 문화에 적합한 우수한 표음문자를 갖춘 한국어는 이제 케이팝과 BTS의 언어로서 영어가 지배하는 세계에서 여전히 군소 언어이기는 하지만 당당한 위치를 점하게 되었다.

● BTS 팬들의 한국어 배우기 열정에 응답하여, 빅히트는 2020년 3월에 한국어 교육 콘텐츠 '런 코리안 위드 BTS(Learn Korean with BTS)'를 빅히트의 팬커뮤니티 플랫폼 위버스에 공개했다.

아미의 취향, 취향으로서의 아미

BTS 팬들은 어떤 문화 소비자들일까? 10~20대가 주를 이루는 BTS의 외국 팬들 절대 다수는 유튜브를 통해 직접 BTS 콘텐츠를 접했다. 일부는 케이팝을 듣다가, 일부는 영국의 남자 아이돌 그룹 원 디렉션을 듣다가, 일부는 일본 '아니메' OST를 듣다가, 일부는 드라마 등 이미 한류 팬이었다가 자연스럽게 BTS를 듣게 되었고 팬이 되었다.

BTS 콘서트에서 만나 설문에 답하고 인터뷰에 응한 BTS 팬들은 어떤 문화 소비자들인지, 내가 《세계화와 디지털 문화 시대의 한류》에서 연구한 프랑스의 한국 드라마 소비자들과 어떤 차이를 보이는지 살펴보았다. 설문에서 응답자의 학력과 부모의 직업 등 계층을 드러내는 정보를 얻기는 했으나 앞에서 설명했듯 상당한 현금 동원이 필요한 BTS 콘서트에 올 수 있는 팬들은 이미 중산층으로 기울어진 그룹이기에, 계층 정보는 따로 분석하지 않고, 문화 소비에 집중하기로 한다.**

BTS의 팬들은 EDM과 하우스음악, 록에 대한 선호는 매우 다양하게 분포되어 있으나, 제이팝이나 OST에 대해서는 특별한 선호

** 다음에 나오는 표들은 부분적으로 불완전한 답안들, 즉 모든 질문에 답하지 않고 한두 개의 답이 빠져 있는 설문도 포함해서 정리한 답안의 분포다. 따라서 수치들을 어떤 경향으로 해석할 수 있을 뿐, BTS 팬의 어떤 절대적인 취향의 분산을 의미하지는 않는다. 그럼에도 이 설문에서 어떤 경향성과 상대적인 가중치를 읽어낼 수는 있었다.

BTS 팬들의 음악 취향 현황

(단위: 명)

	안 듣는다	조금 듣는다	보통이다	자주 듣는다	매우 자주 듣는다
클래식 (심포니와 체임버 음악)	32	37	14	12	3
오페라	73	19	4	2	0
재즈	39	31	14	7	7
R&B와 블루스	14	23	26	22	13
브로드웨이 뮤지컬	44	30	14	7	3
가스펠	64	24	6	3	2
컨트리와 포크	62	21	8	3	3
록	14	19	29	14	22
컨템포러리 팝	4	9	24	29	32
헤비메탈	60	18	8	6	6
랩	9	11	24	31	24
라틴음악	30	24	21	13	11
EDM과 하우스	15	18	16	27	23
케이팝	0	0	1	8	89
제이팝	30	25	19	11	13
OST	13	16	32	17	19

자료: 홍석경 〈BTS의 해외 팬덤에 대한 현장연구〉

가 형성되어 있지 않고, 제이팝의 경우 오히려 잘 듣지 않는 쪽으로 기울어져 있다. 라틴음악 또한 무관심 쪽으로 기운다. 클래식, 오페라, 재즈, 뮤지컬에 대해서는 보통 이하의 관심을 보이고, 컨템포러리 팝과 랩에 대해서는 유사한 강도의 호감도를 보인다. 반대로 가스펠, 헤비메탈, 컨트리와 포크에 대해서는 유사한 강도로 매우 무관심하다.

BTS 팬들의 동아시아 문화물 소비 현황

(단위: 명)

	전혀 소비 하지 않음	월 1회	주 1 회	주당 1~3회	매일
TV드라마	6	23	10	25	17
예능 프로그램	3	24	16	25	13
음악 프로그램	0	21	18	24	18
영화	13	29	20	13	6
짧은 비디오 보기, SNS로 소통하고 팔로하기	1	4	4	14	58
음악 감상	0	2	0	1	78
앨범 구매	10	61	4	2	4
대중음악 콘서트 가기	20	58	1	2	0
스포츠 관람	61	17	0	2	1
게임하기 (비디오, PC, 모바일)	42	15	8	6	10
독서	34	19	13	7	8
애니메이션이나 만화	18	28	11	12	11
온라인 콘텐츠 (웹드라마, 웹툰, VLIVE)	3	10	15	18	35

자료: 홍석경 〈BTS의 해외 팬덤에 대한 현장연구〉

음악적 취향을 넘어서서 BTS 팬들은 동아시아의 여러 문화 산물 중에 스포츠 관람과 게임을 별로 좋아하지 않고, 동아시아 콘텐츠로서의 책과 애니메이션, 만화도 그리 특별히 즐기지는 않는다. 내가 2013년 프랑스의 한국 드라마 팬덤 연구에서 발견한 것처럼 드라마 팬들이 만화로부터 만화 원작 드라마로 호기심이 이행했던 것과 대조적인 사실이다. BTS의 해외 팬들은 대체로 동아시아의 TV 프로그램(드라마, 예능, 음악)을 정기적으로 소비하면서 무엇보다 명확하게 SNS로 소통하고 유튜브가 제공하는 짧은

BTS 팬들의 일반 대중문화 소비 현황

(단위: 명)

	전혀	연 1회	월 1~2회	주 1~2회	매일
박물관, 미술관 관람	13	69	19	1	0
그림 그리기나 조각하기	35	35	17	11	3
독서	4	6	34	34	24
책이나 수필 쓰기	35	26	25	12	4
심포니, 발레, 오페라 공연	33	58	11	1	0
악기 연주	58	14	9	12	6
연극과 뮤지컬 관람	33	58	9	0	1
연극이나 뮤지컬에 참가	88	11	2	0	0
영화 관람	2	19	68	11	2
영화나 비디오 촬영 또는 편집	61	14	17	6	2
사진 찍기(전문적으로)	74	12	9	6	0
사진 편집 또는 프로그램을 사용한 디자인	51	13	17	14	7
대중음악 공연에 가기 (록, 랩, 팝 등)	6	65	23	8	0
스포츠 경기 관람하기	45	36	11	10	0
운동하기	62	14	10	12	2
TV나 모바일, PC로 스포츠 관람	35	21	9	10	27
TV 시리즈나 프로그램 시청	1	3	14	32	51
인터넷 서핑	0	0	0	0	102
SNS사용(페이스북, 트위터, 텀블러 등)	1	0	0	1	100
게임(비디오, PC, 모바일)	19	9	16	26	32
온라인 콘텐츠(유튜브 등) 보기	0	0	1	5	96

자료: 홍석경 〈BTS의 해외 팬덤에 대한 현장연구〉

영상을 보고 음악과 더불어 여러 가지 온라인 콘텐츠를 즐긴다.

사실 이런 동아시아 문화물의 소비는 위의 표가 보여주듯 BTS 팬들의 일반적인 대중문화 소비 패턴을 어느 정도 반영하고 있다.

이들은 TV 시청을 즐기고, 무엇보다 SNS, 유튜브와 같은 온라인 콘텐츠를 전적으로 즐긴다. 클래식·대중예술 공연 관람이든 박물관·미술관 방문이든 1년에 한 번꼴이 많다. 이들은 사진을 전문적으로 찍지는 않지만 절반 정도는 꾸준히 사진을 보정한다. 가장 큰 차이는 영화와 독서에서 나타난다. BTS 팬들은 동아시아의 영화와 책을, 일반 영화와 책보다 덜 관람하고 읽는다는 것이 드러난다.

매체, 취향, 가치의 공동체

이 결과를 어떻게 해석할까? 먼저 BTS 팬들이 평균적인 서구의 대중문화 소비자와 특별히 다른 점이 있다고 볼 수는 없다. 20대가 67명으로 가장 많았던 이 집단은 미디어와 트렌드 전문가들이 밀레니얼이라고 부르는 1981~1996년생(2019년 기준 24~39세)과 Z세대라고 부르는 1997~2010년생(2019년 기준 10~23세)으로 이루어져 있다.• 이 두 세대는 디지털 네이티브로서 BTS가 트윗을 올리면 실시간으로 모바일폰이 울리는, 전 세계 3000만 팔로어의 절대 다수를 이룬다. 마케팅 전문가들이 나누어놓은 밀레니얼과 Z세대의 구분이 사회학적으로 얼마나 타당한 것인지는 모르겠

• CJ 관계자에 따르면 케이컬처와 케이팝의 축제인 케이콘의 방문객 3분의 2가 Z세대에 속한다.

지만, 최근에 쏟아져 나온 이 세대의 특징들을 종합해보면, 놀랍게도 BTS 팬덤에서 발견되는 여러 가지 특징이 이들에게서도 발견된다. 그 특징을 몇 가지로 정리해보자.

첫 번째 공통점은 매체 경험이다. 이들은 전통적 매체에 의지하지 않고 수평적인 SNS, 즉 확장성(spreadable) 매체를 사용해 공간을 극복하고 소통하면서 세계적 수준에서 취향과 연대감 그리고 공동의 가치를 생산하고 있다. 이 세대는 텀블러나 인스타그램 등 여러 SNS 플랫폼을 사용하지만 유튜브와 트위터가 중심 매체다. 이 세대가 유튜브를 구글과 같은 수준의 서치 플랫폼으로 사용한 덕분에 유튜브는 구글에 이어 세계 2위의 검색 서비스 플랫폼이 될 수 있었다. 2019년 기준 한국의 인터넷 사용자 중 60퍼센트가 정보를 검색할 때 유튜브를 이용하는 것으로 조사되었다. 매월 30억 건 이상의 검색이 이루어지고 있을 정도로 말이다.•

BTS는 데뷔 전부터 공동의 트위터 계정을 가지고 하루에도 몇 번씩 팬들과 순간적인 소통을 하고 있지만, BTS와 팬덤 아미의 문화를 구성하는 기본 콘텐츠의 형성은 유튜브를 통해서다.

• 유튜브는 세계 인터넷 동영상 시장의 74.5퍼센트를 점유하고 있고, 2019년 기준 월 사용자 수는 19억 명이 넘는다. 특히 10대들에게 유튜브는 거의 절대적이다. 다른 세대가 구글에서 정보를 찾을 때, 이 세대는 유튜브에 묻는다. 수학의 정리든 역사적 사실이든 궁금한 사건과 인물이든, 유튜브는 가장 인기 있는 짧은 설명과 해설들을 제공해준다. 이 세대는 지배적 매체 공간에서 유명해진 셀럽이 아니라 유튜버가 되기를 꿈꾸고, 이들에게 큰 영향력을 미치는 것도 저명한 지식인이나 유명인이 아니라 친근한 인터페이스를 지녀 많은 팔로어를 거느린 유튜버들이다. 유튜브는 이 세대에게 그야말로 살아 움직이는 궁극의 아카이브다.

BTS 팬덤이 매체를 이용하는 방식은 이 세대의 프로토타입과도 같다. BTS 멤버들은 다른 케이팝 아이돌과 달리 기획사의 매니징을 받지 않고 자유롭게, 시공간을 가리지 않는 트윗을 통해 팬들과 직접 소통을 한다. 팬들의 대다수는 VLIVE로 영상을 통한 즉각 상호소통을 한다. 말풍선이 없는 아프리카TV와도 같은 VLIVE는 즉각적으로 자막이 달리지 않기 때문에 해외 팬들 중 소수만이 한국어로 멤버들의 독백과 대화를 이해할 수 있지만, 이 커뮤니케이션 상황에서 중요한 것은 대화의 뜻이 아니라 영상을 매개로 한 BTS 멤버와 팬들 사이의 접촉 그 자체다. 따라서 접촉 커뮤니케이션(phatic communication)의 극치를 이루는 VLIVE는 이해력이 크게 중요하지 않은 먹방이나 공연 후의 감사 인사같이 정서적이고 정동적인 모습을 담는다.

여기 BTS의 VLIVE의 한 장면을 불러오자.

BTS 멤버 뷔가 그의 명성에 걸맞은 디너가 아니라 즉석 밥이 담긴 플라스틱 용기와 나무젓가락, 그리고 알 수 없는 반찬이 곁들여진 소식을 너무도 맛있게 먹고 있다. 그는 카메라와 매우 가깝기 때문에 화면과 그의 얼굴 사이엔 플라스틱 그릇들이 놓인 식탁이 있을 뿐이다. 그가 김치를 입에 넣는 순간 턱으로 국물이 흐른다. 그의 흰 턱과 폰앱의 색상 때문인지 분홍빛 입술 아래로 주황색 선이 흘러내린다. 그는 카메라로 약간 다가와 (마치 거울 속에서 김칫국물이 흐르고 있는 것을 확인하듯) 흘긴 눈으로 그 사실을 확인하고는 약간의 표정을 짓는다. 그리고 닦아내지도 않고 어떤 어색함

세계의 팬들과 가장 친밀한 소통을 나눌 수 있게 하는 VLIVE 영상. 멤버들은 화장을 지운 맨얼굴로 식사를 하든가, 노래를 부르든가, 여럿이 수다에 빠지든가 하는 가감 없는 일상의 모습을 보여준다.
© BTS 공식 VLIVE 캡쳐

도 없이 고개를 만족스럽게 끄덕이며 흰밥을 젓가락으로 떠서 계속 입에 넣는다.

이런 즉각적이고, 즉물적이며, 단순하고, 구체적이며, 의미가 실리지 않은 사실성에 팬들은 환호한다. 실시간으로 VLIVE를 시청하는 팬들은 지구상의 어느 시간대, 어느 공간에 있더라도 BTS 멤버 중 독특한 성격으로 유명한 뷔의 가식 없는 모습을 필터링 없이 '눈으로 만져볼 수' 있다. 이 순간 스크린 위에는 거의 육화된 영상이 전개된다. 이렇게 생산되는 VLIVE를 비롯한, 모든 BTS의 소식은 트윗으로 연동되어 확산되고, 팬들은 실시간으로 이를 시청하는 동안에도 트윗으로 정보를 공유한다. 비틀스 시대에는 전혀 가질 수 없었던 스타와 팬 사이에 형성되는 즉각적이고 친밀한 관계성이 밀레니얼과 Z세대에게는 가능하다.

BTS 팬덤의 두 번째 특성은 이들이 시대의 조건을 공유하며 일종의 거대한 취향 공동체를 형성하고 있다는 것이다. 특히 Z세대에게는 무엇보다도 감성의 공유가 중요한 것으로 알려져 있다. 이들이 환호하는 대중문화 스타는 우울함을 핵심 콘텐츠로 16세에 데뷔한 빌리 아일리시(Billie Eilish)이거나 위로와 희망을 전하는 BTS다. 연구들에 따르면 이들은 외로움을 가장 많이 느끼는 세대지만 전통적 집단주의를 거부하고 깊은 관계보다는 취향에 기댄 가볍고 작은 관계와 행복을 추구한다. 하루에 네 시간 이상 모바일폰에 매달린 채 온라인의 삶을 즐기는 이 세대는 그 반대 급부로 공연이나 프로그램 방청 같은 오프라인에서의 일시적이고 특별한 경험을 중요시한다. 온라인에 집중하는 만큼 직접 몸으로 느끼는 것과 오프라인 활동을 통한 소속감 그리고 유대감을 원한다는 것이다. 이런 일부 밀레니얼과 Z세대, 즉 10대 중반에서 20대 중반에 걸쳐 있는 BTS의 핵심 팬층이 열광하는 특정 경험을 제한된 기간에만 제공하는 팝업스토어야말로 이들의 취향을 그대로 반영하는 플랫폼이다.

BTS 팬덤의 세 번째 특성은 진정성 있는 경험에 민감하다는 점이다. SNS라는 국경 없는 소통의 공간을 어려서부터 경험한 이 세대에게는 어느 나라에서든 외국인이나 타인종과 외국어로 소통하고 친구 관계를 맺는 것이 너무도 자연스러운 일이고, 따라서 사회 속의 다양성에도 이전 세대들보다 열려 있다. 이 세대는 "자신의 존재를 있는 그대로 받아들이고 자신의 부족함이나 결함을 세상에 노출시키는 것을 두려워하지 않는다"고 설명되는데, 이것은 BTS의 "LOVE YOURSELF" 캠페인이 이 세대를 겨냥해 던진 메시지와 정확하게 상응한다. 그것이 "일상 속 자신의 목소리를 담은"이라는 뜻이든 아티스트의 산물이 자신의 경험을 반영해야 한다는 힙합적 진실성을 의미하든, 이 세대와 BTS 팬덤인 아미가 진정성을 핵심적 가치로 삼고 있음을 알 수 있다.

소소할지라도 SNS로 자신이 직접 경험한 내용을 공유하고 구체적인 경험을 통해 세계 속의 존재이고자 하는 이 세대의 중요한 화두는 추상적인 세계 평화나 인권 같은 문제가 아니라 구체적인 일상의 행동으로 번역되는 것들이다. 일상에 영향을 미치는 비건이 된다거나● 기후 변화를 지적하는 16세 청소년 툰베리에게 응답하여 기성세대에게 지구온난화의 책임을 묻는 시위를 벌인다거나 플라스틱 사용의 해악에 대한 반응으로 플라스틱 빨대를 거부하는 등 실제 몸으로 실행하는 일들이다. 이들이 이런 행동을 하게 되는 결정적인 계기들은 주변의 권유나 어떤 주의에서 비롯된 신념이라기보다 공장식 축산을 다루는 다큐멘터리를 보고 비건을 선택하고, 코에 빨대가 꽂힌 거북의 모습에 분노해 플라스틱 빨대 사용을 멈추며, 동물 대상 약물 실험에 반발해 화장품이라도 동물 실험을 하지 않는 브랜드를 구매하는 식이다. 체계적 이념에 따른

● Z세대를 특징 짓는 최고의 특성이 비거니즘이다. 이는 지역적 차이가 없는 전 세계적 현상으로 알려져 있다.

다기보다는 정서적으로 반응하는 셈이다.

유니세프 캠페인을 통해서든 리더 RM의 메시지를 통해서든, BTS는 이런 Z세대의 감성에 적절히 소구하고 있는 것으로 보인다. 사우디아라비아 공연에서 스태프들이 현지 복장을 한다거나, 웸블리 등 대형 스타디움 공연에서 청각장애자 아미를 위해 수화 전문가를 배치한다거나, 리더가 현지어와 이슈를 감안한 시의적절한 클로징 멘트를 하는 등 언뜻 사소해 보이는 디테일이 이 그룹을 다른 케이팝 그룹들과 구분해주고 팬들의 감성을 자극한다.

나는 BTS와 팬들의 관계가 그대로 전개되는 공연 현장을 여러 차례 관찰했는데, 스타디움 같은 대형 공연장보다 실내의 작은 공연장이 팬들과 멤버들의 상호작용을 관찰하기에 좋았다. 고척 스카이돔에서 있었던 2019년 1월 6일 골든디스크 시상식을 사례로 밀착 관찰해보자.

골든디스크 시상식이라고는 하지만 방청석의 90퍼센트는 BTS 팬이다. 대형 스크린에 그들의 모습이 스치기만 해도 관객석에서 히스테릭한 함성이 터져나온다. 다른 그룹들은 수상과 공연을 위해 잠깐 자리를 지킬 뿐인데, BTS는 시상식 공연이 진행되는 두 시간 30분 내내 아티스트석에 앉아 있다.

그들은 자신들을 보여주는 것만으로도 팬들에겐 기쁨이고 서비스인 것을 알고 있다. 뷔가 혼자 떨어져 있는 아티스트에게 가까이 와서 앉으라고 손짓하고는 의자를 가져다준다. 흥겨울 때는 일어나 춤을 추기도 한다. 관객석 사이사이로 진행 팀이 민첩하게 움직이며, 사진과 동영상 촬영을 금지한다. 그럼에도 그들의 일거수일투족은 모두 사진과 동영상으로 기록되어 유튜브와 트위터에서 유통되고 해설될 것이다. 관객들은 무대 위에서 벌어지는 다른 가수들의 퍼포먼스보다 무대의 왼쪽 좌석에 앉아 있는 BTS 멤버들에게 시선을 고정하고 그들의 일거수일투족을 관찰한다. 그들의 존재 자체, 그들의 등장 자체가 콘텐츠인, 희한한 무대다. 시상식 전체에 스스로를 노출하면서 BTS는 이 행사를 자신들의 팬미팅으로 만들어버렸다. 수상 공연이 끝난 후에도 그들은 넓은 고척스카이돔의 중심으로 뻗은 무대를 장악하고 오랫동안 팬들과 교감한다. 정국은 넙죽 새해 절까지 올린다. 팬들의 사랑을 갈구하고 그만큼 사랑받는 지민이 제일 나중까지 무대 위를 서성이며 퇴장한다. 잠깐의 이별도 아쉬운 듯. 이날 BTS의 일거수일투족과 공연은 팬들이 찍은 사진과 더불어 멤버 개개인의 태도와 행동에 대한 해설 영상을 통해 유튜브를 비롯한 각종 SNS에서 상세히 설명되고 대량으로 공유되었다. 그들이 사랑하는 BTS 멤버들의 자연인으로서의 성격과 감동적인 수상 소감 그리고 직접 나눴던 교감이 전 세계 아미들에게 "그날의 양식"으로 공유되었다. 다른 날엔 다른 곳의 아미가 그날의 양식을 생산하고 공유할 것이다.

아미와 팬 액티비즘

　이처럼 지속적으로 생산되는 콘텐츠를 통해 유지·강화되는 정서와 가치의 공동체인 팬덤은 이들의 가치와 상반되는 또는 이를 위협하는 갈등 상황에 처하면 어떻게 반응할 것인가. 대중문화를 중심으로 형성된 팬 집단의 운동성을 의미하는 팬 액티비즘(Fan Activism)은 팬덤을 연구하는 많은 연구자들의 숨겨진 질문이다.

　한국 대중문화는 자발적 조직의 능력에서 그 어느 집단에도 뒤지지 않는 팬문화를 자랑한다. 케이팝 팬덤의 덩치가 더 크고 시끄러울 뿐, 배우나 셀럽 팬덤도 유사하게 움직인다. 이들은 사랑하는 스타나 아이돌 그룹의 여러 활동을 지원하고 자발적인 지원 이벤트를 조직하며 물자를 기부한다. 수혜자인 연예인은 그에 감사하는 마음으로 겸손하고 성실하게 소통한다(1장 참조). 이것은 인기와 부와 더불어 팬과 대중으로부터 멀어지는 서구의 연예인들과는 다른, 매우 동아시아적 인간관계를 담은 모습으로 이해된다. 케이팝 해외 팬덤이 느끼는 중요한 케이팝의 매력은 단순한 노래와 춤이 아니라, 팬덤 문화에 내재된 한국의 인간관계, 팬과 스타의 뜨거운 상호유대, 조직된 팬덤 활동을 통해 얻는 소속감 등 서구 청소년들에게 결핍된 것들이다.

　팬덤의 경험으로 얻어진 조직 능력이 팬덤 밖의 사건들 속에서 발휘되는 경우가 잦아지면서 팬 액티비즘에 대한 관심이 높아가고 있다. 2016년 강남역의 '여성 혐오 살인 사건' 당시, 강남역 지하철 출구는 여자라는 이유로 살해당한 희생자에 대한 애도의 행렬과 분노의 폭발로 자칫 위험할 수도 있는 상황이었다. 그런데 어떤 조직적인 세력 없이 일군의 30대 여성들이 집단적으로 애도 메시지를 담은 포스트잇을 붙이는 행동을 관장하면서 상황을 이끌기 시작했다. 나중에 이들이 H.O.T.나 god 등 90년대 중반의 1세대 아이돌 팬덤의 간부들이었다는 증언이 나왔다.

시간을 더 거슬러 올라가 2008년 광우병 소고기 수입에 반대했던 첫 번째 촛불시위도 좋은 사례다. 촛불시위를 촉발했던 것이 중학생들이었고, 여기 참여했을 여학생의 상당수가 당시 엄청난 에너지를 지니고 발전하던 2세대 아이돌 그룹들의 팬으로서 이들을 지원하는 자발적 팬덤 활동을 수행해본 경험이 있었을 것이다. 2008년의 촛불 중학생들은 이제 자발적 조직이 가능하고 페미니즘 메시지에 민감한 20대 후반의 성인 여성들로 성장했을 것이다. 이들이 중요한 이슈를 만나면 자발적인 행동을 조직할 능력을 충분히 지니고 있으리라는 것을 쉽게 예측할 수 있다. 2016년 겨울 박근혜 탄핵 촛불시위에 참가한 민주팬덤연대(DFU: Democratic Fandom Union)의 깃발은 한국에서 젊은 여성의 집단행동으로서의 팬덤을 관찰해온 여러 연구자들에게 향후 팬덤이 정치적 이슈에 참여할 가능성을 확인해주는 증표와도 같았다.

한국 연예 문화의 특성상 기존 팬덤은 일반적으로 자신이 지원하는 연예인이 구설수에 오르고 고생하는 것을 원치 않기 때문에, 자신의 스타가 정치에 참여하는 것 또한 그리 긍정적으로 보지 않왔다. 이는 팬덤 자체가 정치적으로 단일한 입장을 지니고 있지 않아서이기도 하다. 그러나 BTS의 국내 팬들은 초기부터 BTS에 대한 비난을 서슴지 않았던 것으로 드러난다. 이들은 때로는 질문하고(RM의 미소지니 문제, 흑인 문화 전유 문제), 선행을 하고(생일날 나무 심기 등), 압력을 넣는(일본 작곡가와의 협업이 발표되었을 때 그의 전력을 문제 삼아 반대) 등 BTS의 이름을 활용해 SNS 물결을 탄다.●

　BTS의 해외 팬덤이 이런 한국 팬덤 문화의 영향을 어떻게 직간접적으로 받고 있는지 모두 확인할 수는 없다. 다만 미국에서 BTS의 성공을 위해 조직된 적극적인 팬 활동을 보면, 한국 팬덤 문화가 글로벌한 차원에서 확대·재생산되고 있음을 알 수 있다. 미국 아미들은 BTS가 미국 시장에서 인정받고 빌보드 같은 공식적 차트에서 좋은 성과를 얻도록 실물 앨범의 구매와 스트리밍에서 최고의 결과를 냈을 뿐만 아니라 라디오 등 전통적이고 영향력 있는 매체가 BTS의 노래를 틀도록 조직적인 운동을 벌였다.

　성별, 나이, 인종에서 동질적인 한국 팬들과 달리, BTS의 해외 공연 현장에서 만나게 되는 다양한 나이와 인종, 성별의 팬들을 보면, 어떻게 수많은 다국적 개인으로 구성된 사람들이 하나의 '움직임'을 이루게 되는지 질문하게 된다. 한 그룹을 좋아한다는 이유만으로 하나의 이름을 갖게 된 인간의 무리인 이들은 대체 어떻게 하나의 집단으로 행동하는가? 움직임은 어떻게 생성되는가?

●BTS라는 이름 자체가 매체가 되어버렸기 때문에 BTS와 관계없는 이슈임에도 해시태그에 BTS를 적어서 트윗의 흐름을 만드는 것을 말한다.

거대한 철새 집단이 비행 중에 방향을 바꿔도 서로 부딪히지 않고 방향감각을 되찾는 것처럼, SNS상의 수많은 댓글들과 '좋아요'가 빅데이터 분석을 통한 시각화에서나 드러날, 어떤 중심성을 지닌 그림을 그려나가는 것일까? 개별적 사례별로 참가자들의 군집을 이루고 사안마다 리더십을 지닌 개인이 영향력을 발휘하는 것일까?

　BTS의 해외 팬들은, 적어도 내가 직접 관찰한 미국과 서구의 팬들은, BTS가 전달하는 메시지에 민감하게 반응한다. 인터뷰를 통해 서구의 BTS 팬들은 놀랍게도 현재 서구에 BTS처럼 메시지를 지닌 아티스트들이 없음을 호소했다. 서구 대중문화에서 60년대 밥 딜런 류의 현실참여를 보이거나 70년대 록그룹처럼 보수적인 사회의 이중성을 비판하거나 하위문화적 특성을 지니는 경향이 있었던 것과 비교하면 놀라운 일이다. 그런 와중에 꾸준하고 일관성 있게 메시지를 구축해나가는 BTS의 행보야말로 BTS가 지닌 엔터테인먼트적 가치를 넘어서서 서구의 팬들에게 어필하는 한 수라는 것이다.

　BTS가 경험에 기반한 진솔한 가사를 통해 '스스로를 사랑하자'는 강력하고 보편적인 메시지를 창출하고 그것이 현실 세계의 유니세프와 연결되어 유엔 연설로 구체화되자, 서구의 BTS 팬들은 BTS의 정치적 입장과 참여(engagement)에 대해 더욱 큰 믿음을 지니게 된 듯하다. 특히 유니세프 연설에서 강조되었던 "당신의 피부색, 성정체성이 무엇이든 상관없이"와 같은 어구는 흑인 여성 아미들과 동성애 커뮤니티에 커다란 인정과 지지를 보여주는 것으로 환영받았다.

이런 BTS의 행보를 통해 형성되는 아미 내부의 의견이 앞서 말한 철새의 움직임과 같은 것이라면, 지민이 2017년에 입었던 팬이 보내준 티셔츠로 인해 발생한 한일 팬들 간의 갈등과 해결은 개별 사안을 통한 소수 팬들의 적극적 참여에 속한다. 지민의 티셔츠에는 원폭 장면을 배경으로 대한독립 만세를 외치는 사람들의 모습과 함께 "애국주의, 우리의 역사, 해방, 한국(Patriotism Our History Liberation Korea)"이란 문구가 빼곡히 찍혀 있었다. 이 티셔츠가 온라인에서 가시화되자 일본으로부터 비인도주의적 메시지라는 비판과 함께 혐한 기류가 드세졌다. 이 일은 BTS의 연말 일본 방송 출연 등을 연달아 취소시켰고, 동시에 한일 간의 역사를 잘 모르는 전 세계 팬들에게 한국을 침략한 일본의 만행을 알리는 계기가 되었다. 해외 팬덤은 원폭 피해자들에게 무감했던 부분에 대해 BTS를 비판하는 목소리와 그런 의도가 아니었으므로 용서를 구하면 된다는 목소리로 양분되었다. 당시 일군의 팬들은 티셔츠 사건의 맥락과 진상에 대한 백서를 발표했다.•

이 백서는 조선 말 일본의 제국주의적 침략과 한일합병으로까지 거슬러 올라가 세밀한 각주까지 달며 사건의 맥락을 설명함으로써, 전 세계 아미들에게 두 나라의 불행한 역사에 대한 지식을

• 백서 프로젝트의 전문은 이 사이트에서 볼 수 있다. https://whitepaperproject. com/

제공했다. 소수 팬들의 지적 협업이 팬덤 내에서 리더십을 발휘한 중요한 사례다. 이후 아미들은 광주 세계 수영 선수권 대회의 프로모션 콘서트에 출연하는 BTS를 보기 위해 광주를 찾으면서 광주 5.18민주묘지를 먼저 참배한다거나 위안부 할머니들의 거처에 패딩을 보내는 등의 행보를 이어갔다. BTS와 아미의 문화는 정치적 이슈과 참여로부터 멀리 떨어져 있지 않은 것이다.

향후 전 세계에 흩어져 있는 아미라는 정체성을 지닌 거대한 집단이 어떤 이슈에 대해 어떤 종류의 움직임을 형성할지가 궁금해진다. 1장에서 언급했던, 미국에서 벌어진 "흑인의 생명도 중요하다"운동뿐만 아니라 트럼프 대통령의 오클라호마 정치 집회 보이콧까지,● BTS 팬덤은 케이팝 팬덤과 공조하여 팬문화 속에서 얻은 놀라운 응원력과 연대의 능력을 보여주었다. 나는 특정 국가의 정치 이슈를 넘어서서 앞서 설명한 밀레니얼과 Z세대의 감수성과 열정이 집중된 개인의 행복과 위로 그리고 구원의 메시지에 이 세대가 함께 살아갈 사회와 환경이라는 보편적인 이슈가 접목되는 순간을 상상해본다. 국내에서 어떤 이슈가 이 관계를 점화할지는 오히려 상상하기 어렵지만, 나는 어느 날, 툰베리와 BTS가 만나는 모습을 상상할 수 있다.

● 트럼프 대통령의 정치 집회에 참석하겠다고 약속하고는 당일 나타나지 않아 집회장의 3분의 2를 텅 비게 만든 사건으로, 세계적 주목을 끌었다. 미국 언론은 케이팝 팬들과 틱톡 사용자의 행동이라고 지목했었다.

5장

BTS와
새로운 인종적 상상력

: BTS는 어떻게 아시아인을 매혹의 대상으로 바꿔놓았나

"비틀스 이후에 이들보다 더 생산적인 성공은 없었어요. 우리 아시아인들에게 (BTS는) 아시아인의 얼굴을 힘 있는 위치에 되돌려놓은 우리 세대의 브루스 리예요."•

〈MIC Drop〉을 포함해서 여러 곡을 BTS와 함께 작업해온 아시아계 미국인 제작자 스티브 아오키의 이 말은 BTS의 성공이 세계 속에서 지닌 새로운 의미를 함축적으로 보여준다. 한류 현상으로 한국 드라마와 케이팝이 동아시아에서 크게 성공하면서 2000년대 이후 이 지역에서 한국의 위상이 높아지고 한국 대중문화 소비를 통해 동아시아의 정체성 담론이 부각되었다. 수용국의 맥락에

• Steve Aoki, 'Break the Internet : BTS', 《Paper Magazine》, 2019. 11. 20.

따라 선호하는 드라마와 스타, 케이팝 그룹에 차이가 있고 수용의
동력도 서로 다르지만, 그동안 누적된 동아시아 한류 현상의 원인
은 각국 도시 중산층의 소비문화와 관련된 것이었다.

이 국가들이 만화, 애니메이션, 만화를 원작으로 하는 드라마 등
웰메이드 문화물을 한국보다 먼저 수출하여 '쿨재팬' 현상을 만들
어냈던 일본의 대중문화가 아니라 한국 대중문화에 열광하게 된
이유가 흥미롭다. 동아시아인들의 눈에 일본 드라마는 너무도 서
구화되고 발전된 일상과 개인주의적인 사람들을 보여주었다는 것
이다. 동아시아인들이 보기에, 일본식 삶은 도달하기엔 너무 멀고,
부러워하기엔 너무 서구적이었다. 그러나 한국 드라마는 세련된
도시의 삶을 보여주지만, 그 안의 사람들은 전통과 근대를 조화시
키는 것으로 보였다. 여전히 연장자들에게 예의 바르고, 가족을 중
시하며, 남을 배려하는 것으로 보였다. 동아시아 시청자들은 자국
도 멀지 않았던 과거에 이와 같은 연장자 존중과 가족주의 그리고
전통이 공존했던 것을 기억하며, 스스로를 동아시아인으로 느꼈다.

한국 콘텐츠 속의 일상은 한국인처럼 열심히 일하기만 하면 따
라잡을 만한 거리에서 앞서가는 매력적인 것으로 느껴졌고, 한국
의 모더니티는 모방할 만한 가치가 있는 것으로 보였다.• 이에 힘
입어, 서구적이고 세련된 외모에, 미디어에 예의 바른 모습으로 나

• 베트남 호찌민 인문사회대에 강의를 하러 갔을 때, 한 학생이 자기들은 퇴근 시간
에 일을 끝내고 집으로 가는 반면, 한국 드라마에서는 야근을 하더라면서 이를 배
울 점이라고 해서 깜짝 놀란 적이 있다. 나는 그건 절대 배우면 안 된다고 일갈을
했다.

오는 한국의 연예인들이 큰 스타가 되었다. 이들이 광고하는 한국산 상품들은 높은 부가가치를 얻었고, 아름다운 한류 스타들의 얼굴은 성형을 통해서든 화장을 통해서든 닮고 싶은 얼굴이 되었다. 일본이 생산한 친근한 아이돌들과 많이 다른, 춤과 노래를 제공하며 무대 퍼포먼스에 능하고 미디어 존재감이 뚜렷한 한국 아이돌 문화에서 탄생한 케이팝은 한국 드라마와 영화가 만들어놓은 동아시아 내의 한류 담론을 더욱 매력적인 것으로 만들었고, 이 지역의 청년들이 한국의 모든 것에 호감을 갖게 했다.

이처럼 한류가 동아시아 내부에서 해당 지역의 문화적 정체성과 동질성에 대한 담론을 자극했다면, 세계 속으로 진출해서는 어떤 의미를 생산하고 있을까? BTS는 세계의 한류 팬들이 스트리밍이나 유튜브로 보던 한류 콘텐츠를 텔레비전과 실제 공연장에서 볼 수 있게 만들었다. 즉 글로벌 대중문화의 주변부에서 만들어져서 신생 플랫폼을 통해 유통되던, 변방 또는 소수집단이 향유하던 문화를, 주류문화의 공간인 미국의 지상파 텔레비전과 라디오로 끌고 들어왔다. 그리고 엄청난 자신감이 없으면 시도할 수도 없는 아레나와 스타디움 투어로 전 세계의 대중을 향해 다가갔다.

로컬에서 세계로, BTS가 이끄는 케이팝

인터넷에서 데이터 과학과 비주얼라이제이션이 함께 만들어낸

주옥같은 콘텐츠들이 있다. 그중에 1969년부터 2019년까지 매해 앨범 판매(디지털 앨범 판매 포함) 탑10 리스트를 보여주는 유튜브 동영상을 눌러보자.● 지난 50년간 전 세계 대중음악 앨범의 판매 추이를 막대그래프로 보여주는, 10분에 달하는 이 영상은 영미권 이외의 가수가 탑10에 진출하는 것이 얼마나 어려운 일인가를 여실히 드러낸다.

1969년 이 차트의 맨 위에 군림하던 비틀스를 레드 제플린, 엘비스 프레슬리가 따라잡는다. 70년대 후반 엘튼 존과 이글스의 시대가 지나가면 마이클 잭슨, 퀸, 마돈나의 80년대가 펼쳐진다. 90년대 전반은 전 세계에 널리 알려진 휘트니 휴스턴, 머라이어 캐리, 셀린 디온 등 팝 디바들의 시대였다. 백스트리트 보이즈가 1998~2003년에 반짝 1위를 하지만, 곧 남자 가수들의 세계는 에미넴, 제이지, 릴 웨인, 카니예 웨스트 등 래퍼들과 린킨 파크, 마룬5, 콜드플레이 등 팝 록으로 채워진다. 2000년대 말에는 리아나, 레이디 가가, 비욘세, 케이티 페리, 케샤, 테일러 스위프트 등 여성 아티스트들의 진전이 두드러진다. 2010년대에 전개되는 스타들의 세계는 그전과 다른 다양성을 보여준다.

일단 몇몇 미국 아티스트들의 선전 속에서 아델, 원 디렉션, 에드 시런 등 영국 가수들의 진입과 저스틴 비버 등 인터넷 스타

● 2019년 3분기 결과로 끝나는 영상에서 BTS는 2017년 2분기에 차트에 등장, 2019년 3분기에 드레이크에 이어 세계에서 두 번째로 많은 앨범을 판매하는 아티스트의 기록을 달리고 있다.(유튜버 Data Is Beautiful, "Best-Selling Music Artists 1969 – 2019")

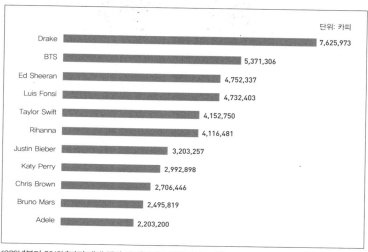

단위: 카피

Drake	7,625,973
BTS	5,371,306
Ed Sheeran	4,752,337
Luis Fonsi	4,732,403
Taylor Swift	4,152,750
Rihanna	4,116,481
Justin Bieber	3,203,257
Katy Perry	2,992,898
Chris Brown	2,706,446
Bruno Mars	2,495,819
Adele	2,203,200

1969년부터 2019년까지 매해 앨범 판매(디지털 앨범 판매 포함) 탑10 리스트를 보여주는 유튜브 동영상 캡처. 2019년 3분기의 기록이다.
자료: 유튜버 Data Is Beautiful

의 약진이 전 세계 팝의 새로운 지형을 암시하고 있다. 그 속에서 2013년 혜성처럼 등장한 싸이가 2위까지 빠르게 올라갔다가 사라지고, 드레이크, 카니예 웨스트, 니키 미나즈, 켄드릭 라마, 위즈 칼리파 등 일군의 힙합/랩 스타들과 브루노 마스 등 팝 스타들이 각축을 벌이는 가운데, 2017년 BTS가 등장하여 2019년까지 끝없는 상승세를 보여준다.

글로벌 히트곡인 스페인어 노래 〈Despacito〉의 루이스 폰시를 제외하면, 비영어권 스타로는 유일하게 BTS가 현재 장기적인 인기를 누리고 있다. 또 다른 순위 관련 정보에 따르면, 2019년 말

BTS는 전 세계 아티스트100 중 26위에 올랐다. 그룹 중에는 퀸, 이매진 드래곤스, 비틀스 다음인 4위다. 불과 3년 전에는 상상할 수도 없었던 결과다.

이 차트가 보여주듯 지난 50년간 북유럽 출신 아바나 캐나다 출신 셀린 디온을 제외하면 거의 영국과 미국 가수들이 전 세계에서 가장 많은 앨범을 판매하고 있다. 그 밖의 나라로는 한국어로 노래하는 싸이와 BTS, 그리고 스페인어로 노래하는 푸에르토리코 출신 루이스 폰시가 있을 뿐이다! 폰시는 미국 내의 히스패닉과 전 세계 스페인어권 청취자의 지지를 받고 있으나 이미 상당히 오랜 시간 지구인의 귀에 익은, 여름마다 전 세계 휴양지에 울려 퍼지는 라틴 팝의 전통을 따르는 것이어서, 그의 선전이 그리 새로운 현상으로 보이지는 않는다. 〈Despacito〉의 성공으로 라틴 팝뿐만 아니라 다른 스페인어 노래까지 차트에 오르고 있다는데, 〈강남스타일〉이 우리의 기억에 생생한 〈Macarena〉였다면, BTS는 케이팝이 달려 나갈 길을 앞서 다지는 한국판 〈Despacito〉가 아닐까.

현재 세계 대중음악 판도에서 미국의 헤게모니를 인정한다면, 이 신에서 진정한 로컬의 산물로서 글로벌이란 형용사를 달 수 있는 음악은 케이팝뿐이다. 전 세계 스페인어권 문화와 라틴 아메리카 디아스포라를 기반으로, 이 지역에 고유한 댄스 리듬을 적극적으로 활용하고 있는 라틴 팝의 성공을, 북미가 '로컬'이라고 부를 수만은 없다. 자국 내 히스패닉 인구의 중요성에, 식민시대로 소급되는 스페인어권 문화의 역사성에 비추어보면, 라틴 팝 형성의 역사는 길고, 미국 내로 역유입된 라틴 음악의 역사도 길다.

그런데 케이팝은 언어권도, 문화권도, 자생적 리듬도 없이 형성되었다. 케이팝의 음악적 정체성을 구성하는 R&B, 힙합과 랩, 유럽산 록, 발라드, EDM 등 각종 댄스 비트들의 믹스는, 마치 커피믹스처럼 그 안에 '고유'한 한국산이 없더라도 당장 한국의 맛으로 인지되는 무엇을 만들어내는 데 성공했다. 베트남도 특색 있고 맛있는 커피믹스를 만들고 있지만, 그걸 마시면서 우리는 원조인 한국 커피믹스가 레퍼런스임을 알고 있다. 한국의 커피믹스를 모델로 했다고 그것이 베트남 커피믹스의 맛을 절하할 이유가 되지 못하는 것처럼, 전 세계의 음악적 레퍼런스를 빌려왔다고 해서 케이팝이 절하될 이유가 없고, 이어서 케이팝을 활용하거나 케이팝의 영향을 받은 전 세계의 가수와 음악이 폄하될 이유도 없다. 말하자면 새로운 유형의 케이팝 믹스의 등장인 것이다.

한국어로 부르는 글로벌 대중음악

2019년 11월, 글로벌 대중음악 신에서 BTS의 성공이 지니는 의미를 깊이 곱씹게 해주는 사태가 벌어졌다. BTS가 2017년부터 미국 빌보드나 AMA에서 받은 찬사에 기대어, 여기에 여러 기록을 갈아엎은 2019년 앨범 《MAP OF THE SOUL : PERSONA》와 월드투어의 성공에 힘입어, 팬들은 드디어 BTS가 그래미상을 받을 거라는 기대를 하고 있었다.

그런데 미국의 음반 산업은 그래미상의 모든 부문에 BTS를 후보로 올리지 않았다. 2018년 BTS가 그래미상의 시상자로 초대되었기 때문에, 이번에는 어느 부문에든 상을 타지 않겠느냐는 기대가 고조되던 참이었다. ABC방송국이 주관하는 AMA가 BTS를 세 부문 후보에 올리고(페이보릿 듀오 오어 그룹-팝/록(FAVORITE DUO OR GROUP-POP/ROCK), 투어 오브 더 이어(TOUR OF THE YEAR), 페이보릿 소셜 아티스트(FAVORITE SOCIAL ARTIST)), EXO까지 BTS와 더불어 최고 소셜아티스트상 후보에 올린 것과는 대조적인 결정이었다.

이러한 미국 음반 산업의 보수적인 결정에 반발하듯, 아미는 집중적 스트리밍 공격을 조직해서 과거 앨범을 포함한 BTS의 앨범 전체를 아이튠즈 차트에 다시 진입시키고, #ThisIsBTS라는 해시태그의 트윗 총공을 진행하여 당장 트위터 트렌드 3위에 올리는 힘을 과시했다. 미국의 음악 전문지들은 이런 미국 음반 산업의 보수성을 입을 모아 비판했다. 특히 〈포브스(Forbes)〉지는 이것을 음악적 성과의 문제가 아니라 "인종주의적 결정"이라고 직접적으로 비판했다.•

혹자는 이 사건에서 BTS를 수용하지 못하는 미국의 보수적 음악산업의 모습을 보겠지만, 불과 3년 전에 BTS가 빌보드 소셜아

• 서성덕, "2019년, 미국의 K-POP", 《Ize》, 2019. 12. 13. https://news.mt.co.kr/mtview.php?no=2019121307397260885

티스트상을 타게 하기 위해 아미가 미국의 대중음악 평론가들과 라디오 자키들에게 적극적으로 홍보해야 했던 시절과 비교하면, 이 사건은 오히려 단기간에 미국 언론의 반응이 눈에 띄게 달라졌음을 확인시켜준 기회였다. 미국의 여러 유명 가수들이 BTS와 컬래버레이션을 원하는 것도 미국 앨범 시장의 확대를 위한 것이라는 평가가 있기에, "BTS가 이 상을 필요로 하는 것이 아니라 곧 우리가 BTS를 필요로 할 것"이라는 〈포브스〉의 진단 또한 사실에 가깝다.

미국 음반 산업이 인정하든 말든, 2020년 11월 기준 세계에서 가장 많은 음반을 파는 뮤지션이 된 BTS의 영향력은 무시할 수 없을 정도로 커졌다. BTS가 기존 미국 대중음악 시장의 파이를 나눠먹는다기보다는 새로운 음반 구매자들을 창출하고 있기 때문이다. 또한 이미 많은 미국의 인기 가수들이 BTS와 쌍방향으로 컬래버레이션을 하고 있다. 그동안 가장 성공한 협업은 앞서 인용한 스티브 아오키가 편곡한 〈MIC Drop〉이었고 이제는 제작 과정의 여러 단계에서 협업이 긴밀하게 이루어지고 있다. 〈작은 것들을 위한 시(Boy With Luv)〉에 카메오로 출연했다가, 아예 자신의 신곡 〈SUGA's Interlude〉의 랩 부분을 슈가에게 부탁한 할시가 대표적이다. 할시의 목소리에 슈가의 속사포 한국어 랩이 이어지는 이 노래와, 이보다 먼저 2019년 가을에 제이홉이 멕시코 출신 미국 래퍼 베키지와 함께 발표한 싱글 〈Chicken Noodle Soup〉는 앞으로 BTS가 어떤 컬래버레이션을 지향할지 추측할 수 있게 한다.

할시와 슈가의 노래가 삶에 대한 성찰을 담은 보편적인 것이라면, 제이홉과 베키지는 두 아티스트의 개인적인 스토리가 엉키는 지역성을 노래한다. 제이홉은 이 노래에서 한국어로 광주 금남로와 충장로에서 자라난 자신의 과거를 언급하고, 베키지는 스페인어로 자신의 개인적 경험을 노래한다. 제구치라는 이름의 팬이 운영하는 유튜브 채널에서 〈Chicken Noodle Soup〉는 15개 국어(한국어, 영어, 아랍어, 일본어, 폴란드어, 프랑스어, 아제르바이잔어, 터키어, 독일어, 노르웨이어, 태국어, 인도네시아어, 남미식 스페인어, 유럽식 스페인어, 핀란드어)로● 번역된 자막을 달고 있었다. 한국 드라마가 인터넷의 동아시아 드라마 스트리밍 사이트에서 팬들에 의해 여러 언어로 번역되던 시절에는 언어권이 존재하는 지배적 언어들 위주로 번역이 이루어졌다면,●● 이제 BTS와 케이팝 곡들은 노르웨이어와 핀란드어 같은 소수 언어로까지 번역되고 있다.

BTS와 빅히트가 이미 이처럼 세계 시장을 겨냥하는 곡들을 프로듀싱하고 있고 팬들은 세계 구석구석에서 엄청난 앨범 구매와 스트리밍으로 반응하는데, 우리는 왜 이리 미국에서의 인정, 미국에서의 수상에 연연해하는 걸까? 까칠한 눈으로 보자면, 미국은

● 유튜버 Jaeguchi의 영상. (https://www.youtube.com/watch?v=sSH_sVChY4Y&list=TLPQMTUxMjIwMTnJGdGijX_dKA&index=2)

●● 물론 예외도 있다. 동아시아 대중문화 팬들에게 유명한 일본 만화《花より男子(하나요리당고)》를 각색한 한국 드라마 〈꽃보다 남자〉는 방송 3~4일 만에 20개 국어가 넘는 자막이 달렸다.

세계 대중음악 시장에 핵심 콘텐츠를 제공하고 있기는 하지만, 이 역시 백인 중산층 팝 문화의 힘이 강력한 영국만이 낄 수 있는 북미라는 '로컬' 시장에 불과한 것 아닌가?●●●

미국인의 문화적 취향과 영화에 대한 제도적 반응을 '로컬'이라고 표현한 봉준호 감독의 호기는 높이 살 만하지만, 영화보다 더 대중적 취향에 뿌리박고 있는 텔레비전 문화와 대중음악에서 미국의 헤게모니는 갈수록 강화되는 경향이다. 앞서 봤듯이 영어권 노래들이 완벽하게 글로벌 시장을 지배하는 가운데 극소수의 비영어권 노래들이 예외로서 이 절대적인 지배 속에 끼어들 뿐이다. 그나마 가수가 비영어권 출신인 경우 영어로 노래해야 성공 가능성이 높다. 세계 대중음악계에서는 영어 카르텔의 힘이 너무 세서, 유럽의 다른 언어들조차 끼어들지 못한다. 스웨덴의 인기 그룹 아바도, 캐나다 퀘벡(프랑스어권이다) 출신 셀린 디온도 영어로 노래했다. 샹송은 프랑스어로서 사랑받았으나, 미국 내에서 차트 상위에 오르지는 못했다.

이런 세계 대중음악 시장을 장악한 영어의 완벽한 헤게모니 아래에서 한국어로 노래를 부르고, 그 내용이 번역·유통되는 동아시아 남자 아이돌 그룹이 혜성처럼 등장한 것이다. BTS가 유명해지면서 인터뷰도 많아지고 공연 시에 팬들과 직접 소통하는 시간

●●● 칸영화제에서 황금종려상을 받은 〈기생충〉으로 미국에서 아카데미상을 수상할 가능성은 희박하다는 현실에 대해, 봉준호 감독은 미국이 '로컬'이기 때문이라고 인터뷰에서 답했다. 이 대답은 미국과 한국에서 커다란 반향을 얻었다.

도 길어졌지만, 리더인 RM을 제외하고는 영어 소통이 잘되지 않는다. 그럼에도 이 그룹이 전 지구의 팬들과 문제없이 공감하고 강력한 연대를 할 수 있다는 것이, 그동안 영어의 권력 아래 고난(!)을 겪어온 모든 비영어권 인구에게는 여간 통쾌한 일이 아닐 수 없다.

한국에서 해외 활동을 하는 아이돌들의 영어 소통 능력의 유무에 과잉반응하는 것과 대조적으로, BTS 멤버들이 짧은, 또는 외운 영어로 단문 인터뷰를 하는 것을 보면서 해외 팬들은 조롱하지 않는다. 오히려 영어 때문에 스트레스 받지 말고 당당하게 통역을 대동하여 하고 싶은 말을 편하게 하고 메시지를 올바르게 소통하라고 주문한다. 어떤 예외도 없이 영어가 장악해버린 학계에 비해, BTS의 이런 역행보는 무척 해방적으로 느껴지지 않을 수 없다.●

세계 대중음악 시장에서 영국과 미국, 즉 영어권의 헤게모니가

● 나 또한 한국에서 열리는 한류 관련 국제 콘퍼런스에서는 적어도 한국어가 모국어이거나 한국어를 아는 학자들은 한국어로 발표해야 한다고 주장하고 실천하는 중이다. 한국어를 배우는 외국 학생이 급격히 늘어나고 있는 현재, 한류에 대한 국제 학술대회에서 한국인이 한국어로 소통하지 않는다면 어떻게 소수 언어의 생명이 유지될 수 있겠는가. 한국어의 영향력 확대를 어린 연예인들이 이끌고 있는 대중문화의 선전에만 맡겨두는 것이 옳은가. 2019년 12월 11일 한국 언론학회 문화젠더분과가 조직하여 연세대에서 열린 국제 콘퍼런스 〈BTS 넘어의 케이팝〉의 공식 언어는 한국어였고, 한 세션을 제외하고는 나의 기조연설과 외국인 학자의 발표를 포함한 모든 것이 한국어로 진행됐다. 물론 발표는 모두 동시 통역되었다. 한국학이 아닌 일반 사회과학학회인 언론학회에서 외국인도 한국어로 발표한 첫 번째 사례였다. 외국 팬들이 음성 기호 표기를 통해 한국어 가사와 대사를 외우고 한국어를 배우게 하는 케이팝과 한류. 한국어를 배우는 외국 학생 인구가 급증하고 있는 현재, 케이팝과 한류를 다루는 국제학회에서 한국어 사용이 일반화될 수 있기를 기대한다.

공연장 분위기에 어떻게 반영되는지를 관찰하는 것은 흥미롭다. 나는 2019년 6월 초, 불과 며칠 차이로 런던의 웸블리 스타디움과 파리의 스타드 드 프랑스에서 진행되었던 두 공연의 관객 구성이 완전히 다른 것에 놀랐다. 사실 파리의 공연을 보고 나서야 웸블리가 얼마나 백인 위주의 관객이었는지를 깨달을 수 있었다. 영국 팝음악은 중산층의 지지를 받기 때문에 전통적으로 백인의 대중문화라는 설명을 들었으나, 그것으로는 충분해 보이지 않았다. 두 도시의 공연장 모두에 영국과 프랑스 관객뿐만 아니라 유럽을 비롯한 세계 각국에서 날아온 많은 관객들이 있었는데, 런던보다는 파리 공연장에서 머리에 스카프를 두른 이슬람 여인들, 나이대가 다양한 남자들이 많이 보였고 인종적 다양성도 높았다.

웸블리에서 BTS는 프레디 머큐리가 '라이브에이드' 공연에서 외쳤던 "에~ 오~"를 재연하며, 과거 퀸의 족적이 남은 신화적 공간에 대한 오마주를 했었다. 한편 파리에서는 여러 멤버들이 급하게 배운 몇 마디 프랑스어로 '영어만큼' 소통했고, 나머지는 프랑스어 통역을 사용했다. 멤버들도 관객도 영어에서 해방되는 순간이었다. 덕분에 멤버들은 자신의 감정을 가장 잘 전할 수 있는 모국어로 관객과 소통할 수 있었다.

다문화 세계 속 문화적 인용 전략

1장에서 케이팝의 혼종성에 대해 길게 논의했었다. 케이팝은 여러 음악적 흐름을 차용하고 믹스해 탄생한 동시에 동아시아의 엔터테인먼트 시스템이 만들어낸 아이돌이 이 음악을 특별한 방식으로 공연(performance)하며 생겨난 문화다. 따라서 케이팝의 세계 팬들은 케이팝을 순전히 스펙터클로서 소비할 뿐, 그 안에서 경험의 진실성이나 메시지의 책임성을 따지지 않는 게 일반적이었다.

그러나 데뷔 때부터 아이돌 힙합으로 포지셔닝한 BTS의 경우에는 문제가 달랐다. 힙합 정체성을 추구하는 BTS 멤버들은 한국의 힙합신 래퍼들로부터 아이돌로 활동하는 데 대해 비판을 받았고, 팬들 또한 이들이 내세운 힙합 정체성을 어떤 방식으로든 충실하게 활동에 반영하기를 요구했다.

이와 같은 BTS의 지향성, 즉 아이돌로서 쇼를 보여줘야 하는 동시에 힙합적인 아티스트 경험의 진실성을 유지하며 케이팝 장르를 수행한다는 이중적인 목표는 너무도 상충되기 때문에 둘 중 하나가 훼손되거나 버려져야 할 것처럼 보였다.

이즈음에 BTS와 빅히트는 너무나도 영리한 한 수였던 〈IDOL〉을 발매했다.《LOVE YOURSELF 結 'Answer'》앨범의 타이틀 곡으로, 이 앨범의 제목이 말해주듯, BTS의 정체성에 대한 오랜 고민의 결론처럼 내놓은 곡이다. 이 곡에서 BTS는 '나를 아이돌이라

부르든 아티스트라 부르든 상관없다. 나 자신 그대로 살아가겠다'
라고 선언했다. 노래 가사는 "덩기덕 쿵더러러"를 지르고 뮤직비
디오에는 앞섶을 풀어헤친 한복과도 같은 디자인의 옷이 아프리
카 모티프가 강하게 드러나는 양복과 리듬에 흥겹게 뒤섞여 있다.
BTS는 이 앨범의 홍보를 위해 미국 텔레비전에 출연해서도 이 뮤
직비디오에서 아프리카 모티프의 의상을 입었을 뿐만 아니라 아
프리카의 리듬을 사용했다고 인정하고 공표했다. 아프리카 문화
를 단순히 스타일로 활용한 것이 아니라 차용의 출처를 확실히 하
는 일종의 문화적 인용을 했던 것이다.

　BTS와 빅히트의 이런 명쾌한 문화적 인용● 전략은 그동안 BTS
를 둘러싸고 있었던 힙합의 진정성이나 문화적 전유의 논란을 단
번에 잠재우고, 오히려 아프리카 팬들의 적극적인 지지를 얻어냈
다. 유튜브에는 이런 BTS의 선택을 칭찬하는 리액션 비디오가 가
득하며, 이 노래에 대한 아프로 아메리칸 음악인들의 칭찬도 이어
졌다. BTS는 이후에도 전 세계 팬들이 주목하는 큰 무대에서 국
악무대를 선보이거나, 전 세계의 리듬을 차용하고 안무로 표현

● 세계화가 진전된 상황에서 문화 콘텐츠의 창작은 세계 여러 나라, 여러 문화의 다
양한 영향력의 교차 속에서 이루어진다. 이 과정에서 빌어온 문화요소의 역사적,
문화적 맥락을 무시한 채 단순히 미적 요소로만 활용할 것인지 원본의 출처를 정
확히 밝히며 인용할 것인지 두 극단의 사이에 다양한 문화적 전용의 스펙트럼이
존재한다. 시각적 요소가 중요한 케이팝은 음악적 스타일뿐 아니라 패션 요소도
전 세계에서 빌려와 재창작하는데, 이 과정에서 종종 문화적 전유 논란이 일곤 한
다. 한국의 힙합이나 케이팝 스타들이 드레드 록스 머리스타일을 단순히 멋부리기
용으로 빌려오는 것이 그 사례다.

하며 출처를 밝히는 '인용'으로서의 문화적 전유를 해오고 있다. 《LOVE YOURSELF 轉 'Tear'》에 수록된 〈Airplane pt. 2〉 또한 남미 음악을 드러나게 차용하면서 전 세계를 여행하는 BTS의 삶을 표현하고 있다.

BTS의 이런 음악적 선택은 동아시아라는 지역을 벗어나 글로벌 문화를 추구하면서 그것이 영어권 헤게모니 세계로의 단순 편입이 아니라 전 세계의 문화적 특이성과 팬들의 다문화성을 존중하는 선택으로 수용되고 있다. 이들이 영어권 글로벌 팝 시장에서 예외적인 반짝 사례에 불과한 것이 아니라 진정한 글로벌 스타로서의 자리를 감수하는 방식이기도 하다.

백인 중심 인종적 상상력의 변화

지금까지 인종에 대한 전 세계인의 집단적 상상력 형성에 절대적인 영향력을 미쳐왔던 것은, 백인성(whiteness)을 맨 위에 놓는 인종적 위계를 전파한 할리우드였다.●

BTS가 등장하면서 동아시아인으로서 그리고 한국인으로서 백인 중심의 세계에 어떤 변화를 일으키고 있다. 과연 BTS는 어떤 방향으로 기존의 인종적 상상력을 바꾸고 있을까?

● 리처드 다이어, 《화이트》, 박소정 옮김, 컬처룩, 2020.

대다수 아시아 국가들은 식민지 역사를 지녔으며, 특히 동아시아와 일부 동남아시아는 같은 아시아 국가인 제국주의 일본에 의해 직접적으로 식민지 경험을 했다. 식민 종주국으로서 일본은 스스로를 피지배자와 분리해내, 아시아인이 아닌 무엇으로, 인종적으로 모호하게 위치 지었고, 그래서인지 '쿨재팬'을 이룬 일본 대중문화의 인기는 한류 현상에서 볼 수 있는 것 같은 '동아시아'라는 집단 정체성 담론을 생산하지 못했다. 한류는 할리우드에 버금가는 독특한 영상 생산의 전통 속에서 한류 스타들을 배출하고, 케이팝 공연 무대를 역동적이고 매력적으로 재현하는 데 성공했다. 동아시아 너머에까지 영향을 미치는 한국 연예인의 스타성과 케이팝의 흡인력은 역사상 처음으로 한국과 한국이 대표하는 동아시아인을 매혹의 대상으로 만들었다.

리처드 다이어(Richard Dyer)는 그의 중요한 저작 《화이트(White)》에서 할리우드의 영화 장치가 어떻게 백인이 아름답게 표현되도록 조명을 발전시켜왔는지를 밝히면서 그것이 영화계에서 일종의 스탠더드처럼 조명의 원칙이 되어 전 세계에서 교육되고 있는 것을 비판한다. 백인 주인공이 아름답게 찍히도록 최적화된 조명으로 유색인 배우를 찍으면 그는 절대 돋보이지 않는다. 〈워킹 데드〉의 한국인 배우 스티븐 연은 자신이 주연인 영화에서도 자신이 잘생겨 보이지 않는다고 인터뷰에서 토로한 적이 있다.

같은 이유로 한류 스타를 생산하는 한국 문화 산업은 어떻게 촬영해야 한류의 주인공인 동양인의 피부와 얼굴을 가장 아름답게

영상화할 수 있는지, 케이팝 아이돌 무대의 역동적인 군무가 살아
나고 개별적 역할이 잘 드러나는지 알고 있다. 할리우드 영화 산
업과 백인성이 동시에 태어난 것처럼, 한류 스타의 아름다움과 한
류는 동시에 태어났다.

한류 스타의 아름다움에 대한 담론 속에서 한류가 생산한 아름
다움의 기준으로 가장 중요하게 여겨지는 것은 미백이다.[•] 미백
은 화장을 하지 않은 것처럼 자연스럽게 빛나는 피부를 재현하는
고도의 기술이고, 빛의 예술은 미백 기술의 첨단에 있는 스타들을
아름답게 표현해냈다. 피부 미백은 한국 드라마 촬영장의 관행인
반사판을 여러 개 쓴 듯한 효과를 노린 것이라고도 하고, 인스타
에서 사용되는 뽀얀 효과를 주는 사진 앱에서 영향을 받은 것이라
고도 하는 등 여러 의견이 있다. 하지만 어느 해석이 옳든 한국형
뷰티의 핵심은 맑고 흰 피부의 표현에 집중되어 있다.

한국의 뷰티 기술은 피부 미백을 중시하기 때문에, 한국인은 남
녀를 불문하고 엄청난 양의 선크림과 비비크림을 소비한다. 군대
에서 사용하는 위장크림에도 선크림이 들어 있을 정도다. 이처럼
한국인이 전반적으로 하얀 피부를 중시하면서 인터넷상의 한류
팬들 사이에 피부색과 관련된 논란이 등장했다. 케이팝 아이돌들
의 사진을 한국 팬들은 하얀색이 두드러지도록 보정하고, 외국 팬

[•] 박소정, 홍석경, 〈K-뷰티의 미백 문화에 대한 인종과 젠더의 상호교차적 연구를
위한 시론: 화이트워싱/옐로우워싱 논쟁을 중심으로〉, 《언론정보연구》56(2호),
2019. 5.

들은 이것을 다시 노란빛이 도는, 때로는 본래 피부색보다 더 진한 갈색 톤으로 재보정하는 대결 양상이 벌어진 것이다. 전자는 화이트워싱, 후자는 옐로워싱이라고 불린다.

물론 팬덤의 크기와 활동성만큼, BTS 멤버들의 사진도 이런 대결의 한가운데에서 인종주의 담론이 집중적으로 쏟아지는 현장이 되어버렸다. 팬들의 담론은 다음과 같은 논리를 품고 팽팽하게 맞선다. 한국 팬들이 아이돌의 얼굴을 희게 보정하는 것에 대해 서구 팬들은 백인의 미학을 비판 없이 수용한 식민주의적이고 인종주의적인 행태라고 비판한다. 한국 팬들은 하얀 피부에 대한 선호는 백인들에 대한 인종주의적 선망 때문이 아니라 동양에서 만들어진 미학이고 보편적인 것이라고 항변하면서 아이돌의 얼굴을 노란색이 강화된 채색으로 덧칠하는 것에 대해 오히려 동양인을 옐로 스킨으로 스테레오타입화한 것이라고 비판한다. 동양인의 피부톤 중에는 서구인보다 하얀 톤도 있기 때문에 흰 피부를 선호한다고 해서 백인성에 대한 복종은 아니라는 것이다.

이렇게 글로벌 대중문화로 발전한 케이팝 팬들 사이에서 온라인상 벌어지는 대립은 한국의 미백 뷰티를 탈식민주의적(postcolonial) 의미에서 해석할 담론적 여지를 만들어준다. 즉 이것이 단지 백인이 만들어놓은 미적 위계를 내화한 것이라는 식민주의적 의미를 넘어서서, 미백이 동아시아인의 피부를 아름답게 표현하고 힘을 실어주는 실천이라는 이해가 가능해진다.

케이팝 팬덤의 인종적 감수성

BTS가 글로벌 인기를 얻으면서 흑인 문화와도 긴장이 형성되었다. 하얀 피부가 강조된 케이팝 가수들이 흑인 여성 댄스의 트워킹(twerking)을 따라 한다거나 흑인 문화권의 옷이나 장식, 헤어스타일, 제스처 등을 차용해서 스펙터클의 소품으로 사용하는 것에 대해 흑인 케이팝 팬들이 불편함을 표현해왔다. 한국의 예능 프로그램까지 모두 모니터링하는 전 세계 한류 팬들의 시선 속에서, 한국 대중문화에 널리 퍼져 있는 인종주의적 실수가 촘촘하게 드러나고 있다. 예를 들어 입술과 검은 피부를 강조한 블랙 페이스가 코미디에서 사용되고, 아프리카인들의 스테레오타입이 대화 속에서 여과 없이 소통된다.

세계의 한류 콘텐츠 소비자들은 한국 사회의 인종적 감수성이 이토록 취약한 것에 놀라고 있고, 흑인 팬들의 비판과 불편함의 표현이 유튜브에 넘쳐나고 있다.[•] 한 번도 미국에서 산 적이 없는 BTS의 리더 RM의 영어 발음이 흑인의 영어를 닮은 것조차 스펙터클을 위해 '흑인인 척(Being Black, Speak Black)'하는 것으로 간주되어 팬들의 갑론을박의 대상이 되었다. 실제 흑인의 가치를 구현하거나 옹호하지 않으면서 스타일로서 흑인의 영어를 장착하는

• 유튜버 TheJessLyfe는 "케이팝을 좋아하는 흑인이 되는 것의 문제점"이라는 제목의 영상을 올리고, 한국 문화 속 블랙 페이스의 문제를 지적하고 있다. (https://m.youtube.com/watch?v=D3XPZTUAJqs)

것에 대한 거부감이 있는 것이다.

흑인 팬들이 이토록 예민하게 반응하는 것은 무엇보다 케이팝이 흑인 문화의 여러 요소를 차용하면서도 실제 케이팝 문화에서 흑인들은 배제되고 있기 때문이다. 관련 유튜브 영상의 댓글에서 어떤 팬은 "케이팝은 흑인의 문화를 좋아할 뿐, 흑인을 좋아하지 않는다"고 말한다. 이것은 케이팝 엔터테인먼트 산업이 흑인에 대한 인종주의적 태도를 지니고 있다는 지적인 동시에, 한국인의 인종주의적 태도 전체에 대한 지적이다. 케이팝이 글로벌 시장을 겨냥하면서 글로벌 오디션을 하고 있고, 아직 실험적이기는 하지만 한국인이 없는 케이팝 그룹까지 만들어지는 상황이다.** 베트남 등 동남아에는 현지인으로 구성된 케이팝 그룹이 널리 활동하고 있는데도 유독 흑인 멤버를 포함한 케이팝 그룹은 만들어지지 못

** 뉴욕에서 다양한 인종적 특성을 지닌 미국 남성들로 구성된 Exp Edition을 실험적으로 만들어볼 정도로, 케이팝에서 K가 과연 무엇을 의미할까는 여전히 흥미로운 질문이다. 2018~2019년은 이런 경향이 두드러진 해였다. 2019년 1월 SM 엔터테인먼트는 한국인 멤버 없이 중국인, 태국인 등으로만 구성된 그룹 WayV를 선보였다. JYP는 2018년 중국인 6인으로 구성된 보이그룹 보이스토리를 중국 시장에 정식 데뷔시키기도 했다. 이들 그룹은 모두 케이팝을 표방하는 것은 아니었지만 음악과 외양, 구성 등 모든 면에서 케이팝의 요소를 갖추고 있다. 2019년 2월엔 소규모 기획사 제니스미디어콘텐츠의 'Z-POP Dream Project(지팝 드림 프로젝트)'가 탄생시킨 아시아 7개국 출신 남녀 아이돌 그룹 지걸즈(Z-Girls)와 지보이즈(Z-Boys)가 서울 잠실 올림픽 주경기장에서 데뷔 무대를 가졌다. 아래 기사에 따르면 2018~2019년 3월까지 데뷔한 아이돌 26팀(유닛 포함) 가운데 40퍼센트에 달하는 10팀이 외국인 멤버를 포함하고 있었다.
(김지혜, "'외퀴' '화이트워싱'…K팝, '인종주의' 덫을 놓았나 덫에 걸렸나",《경향신문》, 2019.03.04. http://news.khan.co.kr/kh_news/khan_art_view.html?artid=201903041746001&co#csidxc0e2de237d54665b4ddba4ed04fcc46)

하는 것도 인종주의적 의심을 가중시킨다.[•] 한·중·일 멤버와 백인 멤버들, 그리고 한국인 혼혈 멤버들은 갈수록 늘어나지만, 수많은 흑인 문화의 요소 위에 건설된 케이팝 왕국에 흑인 아이돌 스타는 아직 없다.

BTS의 경우는 어떤가. 전원 한국인으로 구성된 BTS가 데뷔 초기에 Mnet에서 방송된 〈아메리칸 허슬 라이프〉를 통해 직접 미국의 흑인 대중문화를 접하고 배웠다는 사실은 지금까지 BTS가 큰 갈등없이 힙합 정체성을 유지하는 데 크게 기여하고 있다. 미국의 유명한 여성 래퍼 니키 미나즈가 〈IDOL〉 뮤직비디오에 출연하고 BTS가 미국 흑인 음악인들과 협업하는 것은 위에서 언급한 케이팝의 사정으로 인해 단지 음악적인 이유를 넘어서는 중요성을 띤다. 전 세계 팬들에게 BTS가 단지 다른 케이팝 그룹처럼 흑인 문화를 스타일로만 차용하는 것이 아니라 진정으로 배우고 이해하고 인용하고 있다는 중요한 평가를 유지시켜주기 때문이다. 현장에서 만난 흑인 팬들도 같은 증언을 한다. BTS의 흑인 팬들은 케이팝 아이돌이 미디어에서 블랙 페이스 행위를 하는 것과 흑인의 전형적인 스타일을 따라 하는 것에 비판적이지만, 흑인 문화를 적절하게 빌려오는 경우에 대해서는 당연한 문화적 혼종화의 과정이라고 인지하고 있었다. 오히려 자신이 좋아하는 케이팝 아티스

[•] 2015년에 데뷔한 라니아(Rania)라는 걸그룹의 멤버 알렉스가 유일하게 흑인으로 인지되는 외국인 멤버였으나, 여러 가지 불화로 인해 그룹에 남지 못하고 떠난 사례가 있다.

트가 흑인 음악을 적절하게 활용하는 것에 대해서는 흑인 문화에 힘을 실어주는 것으로 느낀다고도 했다.

BTS와 흑인 팬덤의 관계를 해부해보자. BTS 팬덤 중 현장에서 가장 드러나지 않는 집단이 흑인 남성 팬들이다. 이지원에 따르면 이들은 BTS의 팬이라는 사실을 백인 남성보다 더 정당화하기 어려운 상황에 놓인 것으로 보인다. 왜냐하면 케이팝이 흑인 문화를 빌려쓰는 것에 대해서는 백인이 빌려쓸 때와 같은 여유를 보이기 힘들기 때문이다. 지배적 문화 속에 있는 백인들이 흑인 문화를 사용하는 것은 비판할 일이기는 하지만 너무도 명백한 단순 차용이기 때문에 봐줄 수 있다. 그러나 케이팝은 백인 남성의 헤게모니 위계 속에서 흑인 문화와 마찬가지로 주변적 남성성/문화의 위치에 있기 때문에, 흑인으로서 흑인 문화를 전유하는 동양 아이돌의 팬을 자처한다는 것은 흑인들이 자기 문화를 최고 상태로 생산하고 누릴 수 있는 능력을 빼앗기거나 저평가당할 수 있다는 위기감을 느끼게 한다는 것이다.••

흑인 남성들은 현장의 팬으로서는 눈에 띄지 않지만 유튜브의 리액션 비디오의 많은 부분을 차지한다. 이들은 팬이라기보다는 BTS의 이름을 자기 자신의 이해를 위해 사용하는 그룹, 즉 안무가나 음악인으로서 BTS라는 유명인을 평가함으로써 주목을 끌고

•• 이지원, 〈방탄소년단의 상호교차적 효과 : 방탄소년단 흑인 여성 팬덤을 중심으로"〉, 《BTS 너머의 케이팝: 미디어기술, 창의산업 그리고 팬덤문화》 세미나 발표, 2019. 12. 11.

팬덤 환경 속에서 2차 유명인이 될 기회를 잡으려는 사람들이다. 리액션 비디오라는 장르 덕분에 이 흑인 아티스트들은 BTS를 비평하거나 비판할 수 있지만, 아미의 힘이 워낙 세기 때문인지 대부분의 경우 찬사와 비평에 머문다. 또한 케이팝 문화 속에서 리액션 비디오를 만드는 흑인 리뷰어들은 흑인 남성의 권위가 인정되는 특별한 필드, 즉 흑인 음악과 댄스의 영역에 속해 있다. 이 영역은 글로벌 스타인 케이팝 아티스트가 흑인 남성 아티스트를 만나고 싶어 하는, 흑인 남성이 특권을 지닌 공간인 것이다.

흑인 여성 팬들의 경우 상황은 더욱 문제적이다. 한류와 케이팝은 세계 속에서 동양 남성을 아름답고 섹스어필하는 존재로 눈에 띄게 만들었다. 한류와 케이팝의 수용자 절대 다수가 여성인 것은 바로 남성 스타들에 대한 여성 팬들의 로맨틱한 상상력이 중요한 기반이기 때문이다. 그런데 흑인 여성과 아시아 남성의 로맨스 관계는 주류 미디어가 거의 다루지 않았고, 마땅한 재현의 사례가 없기 때문에 흑인 여성 팬덤은 로맨틱한 상상을 투사할 기초 재료조차 없다. 따라서 흑인 여성 팬들은 케이팝 남성 아티스트와 흑인 여성을 주인공으로 한 팬픽이나 팬아트를 적극적으로 제작하고 공유하면서, 그동안 상상되지 않았던 인종 간의 이성애적 관계를 재현하고 있다.

이지원에 따르면 인종과 젠더 요인 탓에 흑인 여성과 동양인 남성 간의 로맨스 관계를 미디어에서 찾아볼 수 없었는데, 흑인 여성 팬들이 팬아트를 통해 이런 관행에 저항하고 있다는 것이다.

다시 말해서 흑인 여성과 동양 남성 사이의 로맨스 재현을 통해 비재현(non representation)에 저항한다. 미국의 미디어 학자 거브너(G. Gerbner)에 따르면 미디어 공간 속에서 어떤 사회적 집단과 관계의 재현이 존재하지 않는 것은 이들에 대한 커다란 폭력과 차별이다. 그동안 흑인 여성은 대중문화 속에서 하이퍼 섹슈얼하지만 로맨스의 대상은 아닌 모순적인 역할을 담당했고, 아시아 남성은 무술이든 하이테크든 실력이 있어도 주로 무성애적으로 그려져 왔다. 그렇기 때문에 흑인 여성과 아시아 남성의 로맨스 관계를 상상하고 생산하는 일 자체가 기존에 생성되어 있는 인종-젠더 관계 질서에 대항하는 것이라고 팬들은 이해한다. 또한 흑인 여성 팬덤의 입장에서 보면, 마초적 남성성을 보이는 미국의 힙합을 즐기기는 힘들었던 반면 훨씬 부드러운 힙합 버전을 제공하는 케이팝 덕분에 여성적인 방식으로 힙합을 소비하는 것이 가능해졌다. 특히 BTS는 힙합의 진실성을 중시하면서도 폭력적이고 선정적인 언어 없이 부드럽게 위로를 전하는 힙합을 하기 때문에 충분히 절대적 대안의 역할을 할 수 있다는 것이다.

스테레오타입과 물신화 사이 대안 찾기

다음 장에서 자세히 다루겠지만, 케이팝의 등장으로 동아시아인의 이미지는 긍정적으로 향상되었고, 특히 남성의 이미지는 괄목할 만한 변화를 겪고 있다. 단지 한국 남자가 아니라 동아시아라고 굳이 칭한 것은, 이런 변화가 세계 속 동아시아의 존재감과 관련 있기 때문이다.

이런 변화는 한류와 케이팝이 '촉발'시켰다기보다는 급속한 한국과 중국의 경제발전으로 한·중·일을 합한 동아시아 지역의 영향력이 커지면서, 세계 속에 유통되는 인종적 상상력에도 변화가 생길 수밖에 없는 지형이 형성되었고, 한국 대중문화의 인기가 새로운 인종적 상상력을 자극할 1차 재료를 대대적으로 제공한 덕분이라고 보는 편이 옳다. 예를 들어 터키 언론은 팔다리가 길고 말라야만 패션을 리드할 수 있다는 고정관념을 한국의 셀럽들이 파괴하고 있다고 보도한 바 있다. 이처럼 한국의 대중문화 속에서 멋있는 모습으로 생산된 셀럽들의 이미지가 서구가 만들어놓은 세계적인 기준에 대안적인 미와 멋의 기준을 제공하게 된 것이다. 전 세계를 열광하게 하는 BTS의 인기와 팬덤을 관찰하면, 이런 인종적 상상력에 대한 BTS의 영향력은 단순히 아시아인의 자긍심을 높이는 수준을 넘어서서, 동시대 청년 세대가 새로운 인종적 상상력과 정체성을 발전시키는 데 필요한 풍부한 재료를 제공하고 있다.

이런 전반적인 인종적 정경 속에서 BTS가 급작스럽게 만들어낸 동아시아인의 모습은 기존의 대중적 스테레오타입을 벗어난 새로운 것이다. 중국도 일본도 아닌 작은 나라 한국의, 수도 서울도 아닌 지방 출신의 일곱 청년들이 데뷔 초기에 가지고 있던 흙수저 이미지를 탈피하고 〈Airplane pt. 2〉에서처럼 전 세계를 누비는 음악인으로 변신했다.

이런 인종적 상상력의 다른 극단에는 코리아부 현상이 있다. 한류 팬과 케이팝 팬덤 중 일부에서 발견되는 이 현상은 유튜브에 넘치는 '오글거리는(cringe)' 영상이나 #koreaboo로 수없이 검색된다. 코리아부는 한국의 대중문화와 스타들을 좋아하는 마음이 지나쳐서 한국적인 모든 것을 최고라고 평가하는 해외 팬들을 부르는 말이다. 이들은 한국을 칭송하고, 한국의 상품을 소비하고, 더 나아가 한국인을 닮고 싶어 한다.● 과거 일본 대중문화에 대해 유사한 팬덤 '위부(Weeboo)'가 있었기에 쉽게 알아챌 수 있는 현상이다.

케이팝을 열정적으로 좋아하는 이 해외 팬들은 서울의 거리가 아이돌을 닮은 청년들로 가득할 것이고, 서울의 거리를 전전하다 보면 자신을 매혹시킨 아이돌 그룹의 멤버를 닮은 한국 남자와 우연히 만날 거라고, 더 나아가 그와 사귀게 될지 모른다는 기대를 품고 한국 여행을 온다. 그들은 한국 민족의 우월함을 여러 증거를 들어 설파하는 등 한국 문화와 한국인을 물신화하는 경향을 보이고, 이는 SNS를 통해 코리아부가 만들어내는 여러 가지 영상을

● 한국식 성형수술의 유행이 그렇다. 특히 지민의 얼굴을 본따 수술한 영국인 올리(Oli)의 사례가 가장 대표적이다. (유튜버 Korean Boy Woogie의 인터뷰 영상 https://www.youtube.com/watch?v=rJbZt3W60sY)

통해 표현된다. 하지만 코리아부 현상에 대한 팬들의 비판도 거세서, 일부는 코리아부였던 자신의 과거에 대해 비판과 성찰을 표현하고, 일부는 코리아부를 나쁜 팬덤의 사례로 지목하며 올바른 팬덤 문화를 형성하기 위해 이들을 타자화한다. 이렇게 보면 코리아부 현상은 케이팝 팬덤의 뜨거움이 만들어낸 부작용인 동시에 '올바른 팬덤'을 정의하고 활동의 경계를 정하는, 케이팝 팬덤의 정체성 조절 과정이기도 하다.

인종적 상상력의 변화는 한국 팬덤 내에서도 발견된다. 국내의 '외국인 혐오증(xenophobia)'과 연결되어 있는 것으로 보이는 국내 팬들의 해외 팬에 대한 반감이 그렇다. 일부 케이팝 팬들은 해외 팬을 '외국인 팬'과 '바퀴벌레'를 합성한 명칭인 '외퀴'라고 부르며 노골적으로 적대감을 드러낸다. 이규탁에 따르면 이것은 잘못된 민족주의와 한국 콘텐츠의 이문화 감수성 부족이 결합한 결과다. 외국 팬들을 '떼로 몰려와 우리에게 피해를 주는 바퀴벌레'로 비유하는 일은 다른 문화에 익숙지 않은 한국인들이 갖는 감정을 넘어, 타문화를 폄하하는 민족주의적 성향의 투사라는 것이다. BTS의 팬덤 내부에서도 이런 자각이 있기 때문에 아미는 해외 팬들을 '외퀴' 대신 '외랑둥이(해외 팬+사랑둥이)'로 부르며, 이들의 활동에 오히려 감사를 표시하고 있다. BTS도 사우디 공연이나 동남아 공연 등에서 현지의 종교와 소수자 및 장애인을 배려하면서, 음악적 내용뿐만 아니라 공연 문화에서도 진일보한 이문화 감수성을 보여주고 있다.

팬덤과 힙합 문화 그리고 공연 문화에 녹아 있는 이런 즉각적인 이문화 감수성을 넘어서서, BTS는 지금 한류와 케이팝 스타 중 어느 누구도 걸어본 적이 없는 길 위에 서 있다. BTS가 동아시아의 한국 스타가 아니라 세계 속의 동아시아 스타로서 보여주는 인종적 대표성은 아시아인들의 힘을 돋우는 데 매우 중요한 역할을 하고 있다. 그동안 일본이 경제 강국으로 등장하고 중국이 슈퍼파워가 되었더라도 이들은 세계 속에서 보편적인 가치를 소통하는 주체가 되지 못했다. 미국 대중문화에 등장하는 동양인의 모습이 갈수록 입체적으로 변하고 있지만 글로벌 히트를 가져온 동양인의 모습은 〈크레이지 리치 아시안〉의 등장인물들처럼 미친 듯이 부자이거나, 싸이처럼 실력과 상관없이 코믹한 게스트이거나, 미성년의 연습생들이 군대와 같은 훈련을 통해 '블링블링한' 퍼포먼스를 보여주는 케이팝 아이돌들이었다.

BTS는 종교, 인종, 성적 정체성이 무엇이든 지구상의 누구나, 스스로를 사랑하고 자신의 목소리를 내라는 보편적인 메시지를 통해 선한 영향력을 전파하는 최초의 주체로 등장했다. BTS는 소수자성을 잃지 않고, 즉 아시아인의 특성을 잃지 않고 매력적인 남성으로서 세계를 향한 보편적인 메시지를 담지하는 주체가 되는 데 성공한 것이다.

이 장에서 길게 분석했듯이, 한류가 추동하는 동아시아의 미백 문화가 이 지역에 새로운 화이트성의 위계를 만들거나 한류가 물신화되지 않도록, 한류와 케이팝 종사자들 그리고 담론을 만들어내는 미디어 종사자들 모두 이런 위험을 의식하고 주의해야 한다. 이 여정의 선두에 있는 BTS 또한 스스로 만들어가는 문화와 아미와의 연대 속에서 이런 위험을 견제해야 할 것이다. 그래야만 BTS가 지향하는 '선한 영향력'이 유지될 수 있을 것이고, 이것이 바로 한류가 지니는 소프트 파워의 올바른 의미가 될 수 있을 것이다.•

● 한국 정부와 국제 관계 전문가들이 한국의 공공 외교와 소프트 파워의 재료로서 한국 대중문화를 다룰 때, 소프트라는 개념은 종종 길을 잃는 것으로 보인다. 지구상에서 극강 하드 파워를 지닌 미국이 전 세계에 영향력을 미칠 대안으로서 고안한 미국의 소프트 파워 개념을, 하드 파워를 지니지 않은 나라의 소프트 파워, 아니 하드 파워를 지니지 못했기 때문에 영향력의 자원이 소프트할 수밖에 없는 국가인 한국에 적용할 때, 그 의미는 재맥락화되어야만 한다. 현재 한국에서 소프트 파워는 대중문화의 효과, 즉 한류가 대상으로부터 원하는 효과를 얼마나 끌어내주는지와 같은 즉각적인 영향력으로 이해되고 있는 경향이 있다. 한국 대기업이 더 많은 상품을 팔고, 한국 정부가 국가 이미지를 개선하고, 한국이 관광 수익을 올리는 가시적인 결과에 대한 영향력 말이다. 이 기준으로 보면 BTS는 이미 한국이 지닌 놀라운 소프트 파워다. 그런데 BTS와 빅히트가 말하는 '선한 영향력'은 이런 단기적이고 즉각적인 영향력을 넘어서는, 세계와 세계인에 대한 보편적 메시지의 담지체로서의 영향력을 의미한다. 강대국 사이에 끼어 있는 작은 나라 한국의 힘이 어떻게 진정한 힘인 '영향력'을 지닐 수 있을지를 고려할 때, 한국의 역사적, 지정학적, 문화적 경험의 특수성에서 나온 메시지인 평화와 환경, 그리고 청소년 자살 1위국의 경험을 승화시킨 메시지인 "스스로를 사랑하자"는 BTS의 목소리가 '선한 영향력'의 내용이 될 수 있을 것이다.

6장

BTS와
대안적 남성성

: 그들은 어떻게 청년 세대의 젠더 감수성에 영향 미쳤을까

2018년 9월, LA 스테이플스 센터에서 BTS의 공연을 지켜볼 때였다. 나의 청년기에 미국 쇼 비지니스의 여러 행사가 열렸던 장소의 이름으로 처음 접했던 이곳, 마이클 잭슨의 공연과 장례식이 열렸던 이곳을 가득 채운 미국 관객 앞에서 이제 BTS가 공연을 한다. 팬들과의 인터뷰 섭외를 위해 공연장 가까운 곳에 잡은 에어비엔비 숙소에서는 아침 일찍부터 줄을 서서 MD를 사고 사진을 찍으며 이 순간을 즐기는 팬들을 볼 수 있었다. 팬들은 각자의 지정 좌석이 있는데도 왜 저리 일찍 공연장에 올까. 해가 지고 나서야 시작되는 공연에 하루 전체를 할애하는 팬 문화. 이 현상을 이해하려면 저런 연대와 축제의 열망을 이해해야 할 것이다. 해가 졌으나 아직 문을 열지 않은 스테이플스 센터 앞은 많은 사람으로 붐볐고, 거대한 스포츠 스타들의 동상이 BTS 티셔츠를 입고 있었다.

많은 사람들이 LA 거주자가 아니라 멀리서, 심지어 멕시코에서도 왔기 때문에 다음 날 조용한 시간에 길게 인터뷰를 나눌 사람들을 찾기는 쉽지 않았다. 인터뷰 대상을 찾기 위해 많은 사람과 대화를 나누다 보니, 초등학생이 포함된 가족, 60대가 넘어 보이는 커플, 조손 간으로 추정되는 세대 간의 집합도 여럿 눈에 띄었다. 물론 20대 여성이 공연장 팬의 주축을 이루고 있지만, 성·인종·나이에서 상상보다 훨씬 다양한 관객을 확인할 수 있었다. 이 글을 쓰는 2020년 초에는 어느 정도 BTS 팬층을 파악했지만, 1년 반 전인 당시에는 놀라운 모습이었다. 미국에서 BTS는 더 이상 청소년이나 여성 하위문화의 지지로 일시적 각광을 받는 아이돌 그룹이 아니라 명실상부한 팝음악의 스타임을 확인할 수 있는 경험이었다.

시각적 즐거움을 주는 남성의 이미지

뜨거운 열기 속에서 콘서트 전반부가 끝나고 잠시 쉬는 시간, 무대는 멤버들의 즐거운 한때를 찍은 홍보 영상으로 채워졌다. 일곱 명 모두, 또는 두 명씩을 프레임하는 영상들과 더불어 각 멤버를 클로즈업하는 비디오가 영사되었다. 이 순간이야말로, 아이돌로서 BTS 멤버들의 가치가 극대화되는 순간이고, 한국 아이돌 문화에서 소위 '비주얼 담당'들이 아름다움을 뽐내는 순간이다.

2018년 아레나 투어에서 시작해 2019년 스타디움 투어 내내, 공연 중간에 삽입된 BTS 멤버들의 개별적인 소개 영상들은 유튜브로는 유통되지 않고 공연장의 팬들만 접할 수 있었던 고유한 콘텐츠다. 밤이 내려온 웸블리의 대형 화면에는 팬들에게 최대의 시각적 즐거움을 주기 위해 고안된 영상이 투사되었다. 영상 속에서 둘씩 짝을 지은 멤버들은 팬들의 모든 판타지에 부응하는 아이돌 스타로서의 이미지를 경쾌한 색채와 기호들의 향연으로 거대한 화면을 통해 보여주었다. 그중 특히 뷔의 영상이 눈길을 끌었다.

일곱 멤버 가운데 홀로 마지막을 장식한 금발의 뷔는 붉은빛이 지배적이고 시공간은 모호한 공간의 바닥에 앉아 있다. 거의 비어 있는 공간, 화려한 꽃 몇 송이만이 그의 시선을 사로잡는다. 그는 느리게 꽃의 향기를 맡고 꽃잎을 어루만진다. 카메라는 그의 몸과 얼굴을 서서히 클로즈업한다. 그는 때로는 카메라를 직시하여 관객과의 교감을 추구하고, 때로는 피사체가 되어, 거울 속의 자신을 바라보고 스스로의 얼굴을 만진다. 배경에 그의 노래 〈Singularity〉가 흐르는 가운데 거울에 비친 그의 전신이 얼어붙는 장면을 마지막으로 영상은 끝난다. 배경음악은 몽롱한 분위기에 어울리는 전자 음악으로, 공연 휴지기의 어수선한 스타디움의 분위기 속에서도 관객을 매혹시키는 강력한 에너지를 분출한다.

뷔의 영상은 한류 속에서 발전한 꽃미남 스타들의 이미지가 지닌 권력, 즉 시각적 즐거움을 제공하는 남성의 이미지를 최대화한

〈Singularity〉 뮤직비디오에서 꽃 속에 앉아있는 뷔 ⓒ BTS 공식 뮤직비디오 캡쳐

미장센이라고 할 수 있다. 영상은 뷔의 솔로곡이며 매우 의미심장한 가면극인 〈Singularity〉에 조금씩 삽입된 뷔의 이미지를 기본 모티프 삼아 심미적으로 확대·연출한 것이다. 〈Singularity〉 공연의 첫 장면에서, 뷔는 침대에 누워 있고, 그를 천장에서 잡은 영상이 거대한 스타디움 화면에 투사된다. 그가 자신을 클로즈업하는 카메라를 순간적으로 직시하면, 그의 시선에 꽂힌 관객들은 탄식을 뿜어낸다.

공연장에서 관객들에게 이런 매혹의 몸짓을 취하는 남자 스타들은 실상 한류와 케이팝 문화에 널리 퍼져 있다. 또한 이처럼 여성들에게 시각적 즐거움을 주는 남성도 그리 새로운 주제가 아니다. 보기에 아름다운 남자는 역사상 항상 존재했었다. 중국 역사상 최고의 미남이라는 서진(西晉)의 반안(潘安, 반악西晉)은 외출하면 소녀들이 따라다니며 과일을 던졌다고 하고, 중세 프랑스에는 수많은 필리프들과 구별하기 위해 '잘생긴'이란 형용사가 붙은 필리프 4세(Philippe le Bel)가 있었으며, 20세기 초반 영화 산업은 여성 팬들을 환호시키는 루돌프 발렌티노를 제공했었다. 그 후 영화를 비롯한 대중문화는 여성의 환호를 얻고 공연장에서 기절시키는 섹스어필 스타들을 수없이 생산해냈다.

그러나 오랫동안 남성의 섹스어필은 일종의 카리스마여서 그가 꼭 '객관적'으로 아름다울 필요는 없었다. 다시 말해 지배적 남성상을 구성하는 여러 능력과 가치를 구현하고 거기에 잘생긴 외모를 지니면 더욱 좋은 것이었다. 스타들은 우월한 신체 조건으로 그런 능력과 가치를 돋보이게 해주는 부류에 속했을 뿐, 남자들이 여성의 사랑을 얻기 위해 스스로를 치장하고 여성에게 시각적 즐거움을 주는 경우는 대중의 인기를 먹고사는 스타들을 제외하고는 드물었다.

한국 대중문화의 꽃미남 문화는 남성의 기준에서 남성적 가치를 구현하는 남성 스타가 아니라 주체로서의 여성에게 시각적 즐거움(scopophilia)을 주기 위해 남성 스타를 꾸미고 연출한다. 이것은 여성을 시각적 욕망의 주체로 인정하는 것이고, 시각적 즐거움의 주체가 남성인 영화와 시각적 메커니즘이 크게 다르다. 서구의 영화 전통에서는 남성이 카메라의 앞과 뒤에서 보는 주체이고,

여성은 시선의 객체로서 여러 가지 남성적 환상의 대상이 되었다. 영화의 거대한 스크린은 마치 꿈의 영상처럼 남성의 무의식이 표출되는 장소이고 그 위에서 여성의 몸이 고화질로 페티시화된다. 이와 대조적으로 디지털 문화는 다양한 크기의 스크린 위에 전개되는 아름다운 남성의 얼굴과 몸의 영상을 여성 팬들이 마음대로 수집하고 가공하여 갈무리할 수 있게 해준다. 이런 영상 소비는 여성의 몸을 대상화해서 소비하는 남성적 페티시와 대조되는 여성적 모에(もえ)로서 작동하는 것으로 보인다. 모에란 어떤 인물이나 사물을 깊이 마음에 품는 모양을 일컫는 일본어인데, 팬 문화 속에서 사용될 때는 이야기 문맥에서 분리되어 욕망을 유발하는 이미지 요소를 의미한다. 팬들이 공연 현장에서 최애의 개별 영상을 찍어 공유한다거나, 공유된 영상 가운데 본인이 좋아하는 장면이나 샷을 보정해서 컬렉션처럼 간직하는 것들이 이런 실천들이다.

뷔의 퍼포먼스 외 BTS의 다른 멤버들의 영상도 밝은 파스텔 색채를 사용하여 아름다운 듀오로 연출된다. 강한 래퍼의 힘을 보여주는 멤버까지 미묘한 분위기의 커플로 연출하는 이 콘서트 영상은 팬 하위문화에 익숙한 관객이 아니라면 의문이 생길 만하게 BTS 세계의 공식적인 이미지와 메시지와는 멀리 떨어진 것으로 보인다. 이 장에서는 여성 하위문화 형식으로 발전한 팬픽션의 넓고 깊은 세계는 다루지 않을 것이다. 하지만 인터넷 관찰을 통해서만도 BTS 멤버들 사이의 여러 커플 조합에 대한 많은 기대(shipping)가 있음을 알 수 있다. 이를 증명하듯 Vmin, Jikuk, Suemin 등 두 당사자의 이름을 조합한 부르기와 해시태그가 존재한다.

이처럼 멤버들에 대한 팬들의 호모 에로틱한 상상력과 아름다운 남자의 연출은 BTS에게만 특별한 것이 아니라 전체 아이돌 문화와 케이팝에 퍼져 있다. 동아시아 여성 하위문화에서 발생한 이런 호모 에로틱한 상상력에 대해 연구자들은 다음과 같이 평가한다. 이것은 결국 여성이 이성애의 한계를 벗어나려는 상상력이 아니라, 가부장적인 남녀관계의 위험과 압박에서 벗어나 평등하고 안전하며 보다 자유로운 이성애적 관계에 대한 욕망이 투사된 상상력이고, 가부장제와 이성애 자체를 반박하지 않는다는 점에서 제한적으로 해방적이거나 심지어 보수적일 수도 있다는 해설이다. 그런데 뒤에 더 논의하겠지만, BTS의 경우 이런 호모 에로틱한 상상력이 이들의 실질적인 동성 간 친밀 관계에 의해 상쇄되면서 보다 복잡한 젠더 정체성의 현장을 구성하는 것으로 보인다.

그렇다면 망가 문화 속에서 형성된 동아시아적 보이즈 러브(boys love)의 상상력 공간에서 멀리 떨어진 서구의 팬들과 청중은 어떻게 케이팝과 BTS의 호모 에로틱한 연출을 수용할까? 중국의 매체와 정부는 케이팝과 BTS가 중국에 남성성의 위기(masculinity crisis)를 가져온다고 비판했다는데, 스타와 팬 현상이 일찌감치 존재해온 서구 미디어의 반응은 어떨까?

부드러운 남성성(Soft Masculinity)

BTS의 공연은 SNS의 세계를 떠들썩하게 하는 BTS의 팬덤을 잘 이해하지 못하던 기자와 평론가들이 맨눈으로 팬덤 현상을 직접 접하는 극적인 경험의 현장이다. 미디어에 대서 특필되는 이유도 팬들이 일찌감치 텐트를 치고 기다린다거나 엄청나게 줄을 서면서도 축제적인 모습을 보이는 것이 미디어제닉(mediagenic)하기도 하지만, 근본적으로 이들 대부분이 이 팬덤을 이해하지 못하기 때문이다. 이들이 콜드플레이나 유투, 원 디렉션의 팬덤보다 BTS의 팬덤에 놀라는 것에는 분명 인종주의적 편견이 들어 있다. 스타디움 공연에서 지민과 정국이 복근을 드러내는 것을 보고 프랑스 기자들이 놀랐다는 사실은 여러 가지 생각할 거리를 준다.

프랑스 블로거 엘로디 르루아는 서구의 남자 록/팝스타들이 섹스어필을 위해 여성 댄서들을 동원해 무대를 연출한다면 케이팝의 남성 아이돌들은 직접 팬들을 향해 매혹적 제스처와 눈빛을 던져 관중을 쥐었다 폈다 한다고 차이점을 설명한다. 마치 엘비스 프레슬리가 그랬듯이. 르루아는 지민의 〈Serendipity〉가 이런 효과를 내는 대표적인 곡이라고 하는데, 내가 보기에는 뷔의 〈Singularity〉도 그런 곡에 속한다. 다른 멤버를 최애로 하는 팬들에게도 아마 치명적인 다른 텍스트가 있을 것이다.

케이팝 걸그룹이나 여성 스타들은 간혹 남성 백댄서들을 동원해 섹스어필을 시도하지만 남자 아이돌 그룹은 거의 여성 댄서를 고용하지 않는다. 이것은 이들이 연애 스캔들을 내지 않고 팬들에게 헌신하는, 팬덤 문화의 코드라고 할 수 있다. 르루아는 서구 아티스트의 노골적인 섹스어필에 대해 비판하지 않으면서 케이팝 아이돌의 복근 노출은 비판하는 서구의 기자와 평론가들을 인종주의적이라고 비판한다. 동시에 앞서 언급한 여성의 시선을 수용하는 남성의 몸이 서구의 지배적 남성성을 구현하고 있는 기자와 비평가들에게 문제적인 것이라서 이토록 비판적으로 반응하는 것이라고 지적한다.

프랑스 기자들, 좀 반동적이지 않나? 이분들 리아나나 마일리 사이러스가 트워킹을 해도 놀란 척을 하려나? 그들의 언설을 보면 남자들을 향한 여성의 시선을 수용하기 어려운 것이 아닌가 하는 생각이 든다. 또한 이처럼 어이없고 당황한 듯한 리액션을 하는 것은 BTS가 아시아의 젊은 남자들이기 때문이기도 하다. 이렇게 가장 생각 많고 보수적인 사람들이 보기에 케이팝 팬들의 태도는 관습을 거스르는 것이다.●

BTS의 전 세계적인 인기가 가져온 이런 서구 미디어의 반응은 여러 생각할 거리를 준다. 그동안 서구에서 케이팝은 서구 중산층

● ELODIE LEROY, "BTS et la presse française : couvrez ces abdos que je ne saurais voir", 블로그 StellarSisters, 2019. 6. 17. (https://www.stellarsisters.com/bts-presse-francaise-stade-de-france)

의 입맛에 맞게, 어떤 도덕적, 미학적, 정치적 위험이 없는 문화로 보였기 때문에 저항 없이 수용되었다고 설명할 수 있었다. 케이팝 은 동아시아에서 날아온 청소년 하위문화, 그러니까 일본 망가나 애니메이션 팬덤과 유사하거나 거기서 파생된 도시의 다문화적 중산층 아이들의 일시적이고 트렌디한 취향 정도로 이해될 수 있 었다.

청소년 자녀가 강한 남성 문화를 동반하는 하드록이나 거친 랩 을 듣거나, 스캔들이 끊이지 않는 미국과 영국의 팝 스타들을 좋 아할 때와 비교해서 동아시아(이때 한국이라는 형용사는 중요하지 않 다)의 귀엽고 상냥한 아이돌 그룹이 부르는 댄스 음악을 좋아하는 것은 별문제가 아니었다. 중·고등학교에 다니는 아이들이 움직이 지 않고 컴퓨터 화면에 붙어 앉아 온종일 게임을 하며 체중을 불 리는 것보다는 밖으로 나가 운동 효과를 내는 플래시몹을 한다거 나 댄스 동아리에서 춤을 배우고 소수어지만 로마자로 표기된 소 리를 따라 하면서까지 외국어인 한국어를 배우려 노력한다는 것 은 긍정적으로 평가할 수밖에 없었다.

게다가 군무의 달인이고 엄청나게 정돈된 룩의 저 아이돌들은 세계적으로 유명한 경쟁 시스템이 작동하는 한국 사회에서 갈고 닦은 노력의 결과이기에, 그보다 느슨한 경쟁을 하는 서구 중산층 아이들이 미래를 준비하는 태도에도 긍정적인 윤리를 설파하고 있지 않은가. 팬으로서 콘서트와 MD, 앨범 구입에 돈이 들어가기 는 하지만 그것은 중산층 청소년들의 어떤 문화 소비에도 들어갈 비용이었으니, 케이팝은 서구 중산층에게 문제를 제기하지 않는 상냥한 이국적 콘텐츠였을 것이다.

그런데 BTS에 대한 열광으로 가시화된 케이팝의 섹스어필은 기존 케이팝에 대해 형성된 상식을 거스르고 있다. 대형 스타디움 공연에서 백인 중산층 이성애 남성의 시선에서 만들어진 인종적 위계와 서구가 생산한 강한 남성성의 관습을 거스르는 장면이 생산되고 있는 것이다. 또한 서구의 기성 미디어들은 어린 연습생들을 지나치게 훈육하고 몰아치는 한국 연예 산업을 비판적으로 봐 왔고, 최근 연예인들의 자살 사건은 이러한 선입견을 강화해주었다. 이런 이유들로 서구 미디어는 케이팝의 성공은 산업적 산물일 뿐, 케이팝 자체는 그 안에서 아티스트성을 발현할 수 없는 억압적인 문화라고 인식해왔다. 게다가 싸이와 BTS가 등장하기 전까지 아마도 가장 유명했을 그룹 빅뱅의 멤버 승리가 연루된 버닝썬 사건과 소속사인 YG의 스캔들로 인해 케이팝은 이제 약도 하고 성 추문도 얽힌 엔터테인먼트가 되었다.

팬들은 케이팝에 대한 서구 미디어의 이런 비판도 인종주의적이라고 지적한다. 미국 콘텐츠 산업의 엄청난 프로모션이나 미국 스타들의 여러 관습 파괴는 산업적 성숙이나 기술적 발전으로 이해하면서 동아시아의 연예 산업에 대해서는 편향적으로 판단한다는 지적이다. BTS의 경우 예술적 자율성과 메시지를 지녔기 때문에 서구의 미디어 엘리트들이 이런 비판을 일방적으로 쏟아부을 수 없어서 BTS의 섹스어필이 더욱 불편한 것인지도 모른다.

해롭지 않은 남성성(Anti Toxic Masculinity)

팬들이 서구 매체의 기자나 비평가들과 벌이는 이런 근접전을 조금 떨어져서 바라보면, 사실 케이팝 아이돌 그룹과 BTS가 섹스어필하다고 보는 것, 더 나아가 이들의 섹스어필이 관습을 넘는 (transgressive) 위험한 행위라고 보는 것 자체가 분석 대상이다. 인류가 존재한 이후 서로 다른 문화권 속에 수없이 다양한 성적 매력 담론이 있었다. 매력적인 이성이나 신체에 대한 기준이 시공간에 따라 달랐다는 것은 미술사의 기초만 배우더라도 실감할 수 있는 일이다.

제 눈에 안경이라는 절대 진리를 제하고 나면, 어느 시대든 성적 매력은 하나의 권력으로서 그 사회의 지배적 가치관을 구현하는 방향으로, 또는 그것과의 관계 아래서 정의되어왔다. 근대에 이르러 영상 생산이 산업화되면서 효과적인 대량생산 체제를 확립한 할리우드가 전 세계에 그들의 시선에서 생산된 매력적인 남녀의 상을 퍼뜨렸고, 그 영향은 지금도 지속되고 있다. 오랫동안 할리우드가 생산해온 스타들이 전 세계의 대표적인 남성성과 여성성이 되어 청소년들의 예민한 감각을 자극하는 영상으로 소통되어왔다.

한국도 예외가 아니어서, 오랫동안 중·고등학교 때 여학생들의 문구를 도배하던 스타들의 사진, 남학생들의 성적 호기심을 자극하던 스타의 사진이나 포르노 영상도 거의가 서구에서 생산된 것이었다. 이는 디즈니의 필터를 거쳐 어린아이들의 인형놀이에까지 영향을 미쳤다. 어린 시절 노란 머리에 파란 눈을 깜빡이던 인형의 피부색, 눈 색깔, 머리색이 이제는 좀 더 다양해졌다고는 해도 여전히 20세기 전체를 휩쓸었던 서구 중심의 시각적 질서가 유지되고 있다.

멜로든 액션이든 디즈니산 애니메이션이든, 할리우드의 내러티브 장치는 시각적 질서뿐만 아니라 내러티브와 캐릭터 생산을 통해 성정체성에까지 지배적인 가치를 입혔다. 모두가 동의할 수밖에 없는 보편성을 지닌 지배적 남성(hegemonic masculinity)이려면 이성적이고 강한 의지를 지녀야 하며, 이러한 능력을 위기 시에 신체적으로 발휘할 수 있어야 한다. 감정이나 나약함을 쉽게 표현해서는 안 되고, 유머가 있어야 하며, 외모가 출중하면 더욱 좋다. 물론 서구의 스타들이 모든 조건을 충족시키지는 못하지만, 그들은 단순히 외모로만 평가받지 않았다.

미디어 셀러브리티의 시대, 지배적 남성성은 여러 변화를 겪으며 보다 포스트모던한 모습을 띠게 되었지만, 지배적 남성성이 구현하는 가치에는 큰 변화가 없었다.

BTS를 구성하는 일곱 남자는 이런 서구의 지배적 남성성 담론에 여러 가지로 균열을 내고 있다. 차례로 살펴보자.

첫째, 이들은 화장을 하고 스스로를 가꾸는 남자들이다. 역사적으로 여러 사회에 화장하는 남자가 있었지만, 화장이 일반인에게까지 퍼진 것은 최근의 일일 뿐이다. 한류 뷰티 산업의 활성화와 한국 문화 산업 내의 다이내믹스 속에서 한국에서는 남자들의 스킨케어가 널리 퍼진 실천이다. 한국에서는 군대의 위장용 크림에까지 선크림과 보습제가 들어갈 정도지만, 전 세계적으로 남자의 화장은 여전히 새로운 일이다. 물론 데이비드 보위나 듀란듀란 및 몇몇 하드록 밴드가 화장을 했었지만, 이것은 주로 분장이나 극적무대 표현을 위한 것이었다. 다시 말해 대중과 멀리 떨어진 스타들의 일이었지, 일반 팬들에게 화장하고 싶은 욕망을 주는 셀러브리티의 뷰티 실천으로 작용하지는 않았다. 그래서 아름답게 보이기를 목표로 하는 케이팝 스타들의 피부 표현과 색조화장은 서구의 지배적 남성성의 시선으로 보면 기이하거나 당장에 호모 에로틱하다는 담론으로 흘러가기 쉽다. 그러나 팬들은 이런 편견에 강하게 반론을 제기한다.

> "(BTS의 메이크업에 대해서) 여자 같은 것이 아니라 스스로를 돌보는 것일 뿐이다. 그들은 남성적이다. 문화적으로 다를 뿐이다. 내 경험상 아시아의 남자들은 훨씬 조용한 편이다."(Dominique, 27세, 미국, 포트워스 컨벤션 센터 앞 인터뷰)

타문화의 남성이 섹스어필하는지의 여부는 또 다른 문제다. 많은 팬들이 BTS 멤버들에게서 성적 매력을 느끼고 그것을 온라인에서 적극적으로 표현하지만, 일부는 그렇지 않다고 표현하기도한다. 성적 매력은 수용자의 성정체성과 문화적·인종적 가치관이 개입하는 매우 복잡하고 일반화하기 힘든 영역이다. 그러나 앞

화장하는 남자 아이돌. 피부 표현과 색조화장과 관련해 제일 많이 언급되는 정국
ⓒ 홍석경(https://www.koreaboo.com)

서 설명했듯, 여성에게 시각적 즐거움을 주는 남성성을 구현하고 있다는 점, 이것이 기존 지배적 남성성에 대한 근본적 도전이라는 점에 대해서는 이견이 없다.

여성 아이돌들이 수행하는 어리광과 귀여움, 섹스어필은 기존의 정상적 이성애 관행(heteronormativity)에서 크게 벗어나지 않고, 심지어 아동 성애적이거나 가학적 욕망을 부추긴다는 점에서 퇴행적이라고 평가받을 만한 부분이 있다. 쎈 언니 이미지의 여성 아이돌 그룹들이 여성 팬들에게 용기를 주는 효과를 가져오기는 하지만, 이것은 강한 이미지를 지닌 서구의 여성 스타들이 지닌 효과와 다르지 않다는 점에서 기존의 젠더 위계를 흔들지 않는다.

화장하는 남자 아이돌은 기존의 지배적인 남성성을 뒤흔드는 동시에, 변화하는 성, 인종 정체성의 맥락에서 보다 포괄적이고(inclusive) 덜 배타적인 젠더·인종 정체성 표현의 공간을 마련해준다.

둘째, BTS는 무대 위에서도 무대 뒤에서도 상냥하고 다정할 뿐만 아니라 감정을 자유롭게 표현하여 웃고 까불고 의기소침해지고 눈물을 흘리는 등 모든 것을 보여주는 남자들이다. 소년 시절부터 같이 살아온 이들, 그룹 내에서 형과 동생, 친구를 이루는 이들은 간혹 다투기도 하지만 대개는 서로를 배려한다. 이들의 모습은 미디어를 통해 드러나지만 미디어를 위한 연출이라고 이해하기엔 너무도 자발적인 방식으로 다년간 공개되었다. 남성성에 대한 어떤 기존 기준에도 개의치 않고 자유롭게 감정을 드러내는 모습이다. 감정의 억제와 자기 통제, 이성적 판단에 가치를 두는 지배적 남성성의 시선에 비해 주변적이고, 여성적이며, 유아적으로 보일 수도 있지만, 팬들은 BTS의 이런 측면을 인간적이고 리얼하며 소프트한 남성성으로 이해한다. 데뷔 초기에 힙합 문화의 강한 남성성을 어필하는 과정에서 여성에 대한 옳지 않은 표현으로 팬들로부터 비판을 받았던 BTS는 아미의 절대 다수를 차지하는 여성과의 연대하에서 동시대 페미니즘의 감수성에 대해 민감하게 대처하며, 지배적 남성성의 긴장에서 벗어난, 보다 현실에 가까운 모습을 보여주기 위해 노력해왔다.

셋째, 이들은 일상을 공유할 뿐만 아니라 동성인 남자들 사이의 사회적 친밀성을 유감없이 그리고 가감 없이 드러낸다. 빅히트가 공개하는 BTS의 영상 콘텐츠 속에서 그들은 문자 그대로 함께 먹고 자고 활동한다. 그러는 가운데, 자연스럽게 서구의 동성 문화 규범을 벗어나는 신체적 친밀성을 그대로 드러내게 되었다. 이들은 서구의 이성애 남성들 사이에서 용인되지 않는 신체적 접촉과 표현을 자유롭게 하면서도 이성애자임을 의심받지는 않는다. 아이돌 문화는 동성애와 구분되는 동성 친밀성으로 이루어져 있지만 굳이 동성애에 대한 팬들의 환상을 거부하지는 않는다. 미국의 젠더 연구자 세드윅이 주장하는 것처럼 동성 친밀성이 동성애를 반박하거나 억압하지 않는 것이다. 오히려 케이팝 남자 아이돌 그룹의 동성 간 친밀성의 모습은 인간의 사회성에 새로운 차원을 더해줌으로써, 기존의 남성성에 새로운 상상력의 공간을 열어준다고 할 수 있다.

　BTS와 여러 케이팝 아이돌이 보여주는 이런 새로운 남성성은 다양한 해석이 가능하도록 충분히 '혼종적'이면서도 부드러움이 장착된 이성애적 남성성이다. 이 남성성은 인종적으로 다문화에 열려 있는 동시에 이들이 개인이 아니라 그룹으로 성공했다는 점에서, 개인 간의 무한한 경쟁을 독려하는 신자유주의적 성공 주체인 남성성에 대안적이다. 미국 팬들은 인터뷰에서 입을 모아 BTS의 부드러운 남성성을 해롭지 않고 반트럼프적이라고 말한다. 트럼프 대통령으로 상징되는 신자유주의적이고 권위주의적인 미국의 지배적 남성성을 독소적 남성성(toxic masculinity)이라고 부르며, BTS가 보여주는 남성성을 대안적 남성성, 해롭지 않은 남성성이라고 평한다. 온라인에서 오랫동안 토론된 내용인지, 인터뷰 때 팬들은 거침없이 정돈된 언어로 이 주장을 쏟아냈다.

대안적 남성성을 넘어서, 젠더 문제로

한국의 케이팝 아이돌, 그중 세계 속에 우뚝 선 BTS는 사실 한국을 넘어 동아시아 남성의 매력을 전 세계에 전례 없이 높여주었다. 일본이 경제력으로 미국 기업들을 구매하고 서구 전체에 황색 공포(yellow peril)를 퍼뜨리고 있을 때, 일본을 대표하는 남성성은 할리우드 영화 속의 야쿠자(〈레드 선〉, 1972), 묵시록적 분위기가 만연한 미래 도시의 행인이나 우동 판매자(〈블레이드 러너〉, 1982), 좀 더 최근 영화에서는 우스꽝스러운 위계적 조직문화의 수호자(〈두려움과 떨림〉, 2003) 또는 같은 색깔의 양복을 입고 엘리베이터를 가득 채운, 개인성이 없는 작은 키의 샐러리맨(〈사랑도 통역이 되나요〉, 2003)이었다. 일본의 남성 하위문화인 오타쿠 문화가 '전차남'(〈전차남〉, 2005)과 같은 초식남 캐릭터를 생산했고, 대중문화가 엑스 재팬 같은 록스타를 생산했으나 대부분 동아시아 내부에서나 유의미한 울림이 있었을 뿐이다. 일본이 아무리 성인 애니메이션계를 장악하고 강한 게임 문화를 발전시켰을지라도 세계적인 젠더 상상력의 위계에 영향을 미칠 남성상은 전혀 생산하지 못했다.

중국의 경우, 강성해진 경제력에 비례하는 문화적 영향력을 갖추기 위해 전 세계에 공자학당을 세우고 할리우드 배우를 기용한 대작들을 만들고 있지만,* 거대한 내수시장을 넘어서는 성공을 얻지 못하고 있다. 홍콩 영화 시절에 중국어를 하던 스타들이 누리던 과거의 영광이 중화권 남성상에 대한 노스탤지어를 자극할 뿐, 홍콩 스타들이 동아시아 밖까지 뭔가 영향을 미쳤다는 소문을 들은 바는 없다.

액션, 멜로 등 장르를 불문한 동아시아권의 대스타 주윤발의 사례가 많은 것을 시사한다. 그는 1997년 홍콩이 중국에 반환될 당시 홍콩을 떠나 할리우드로 갔는데, 그가 맡을 수 있었던 역할은 섹스어필이 제거된 스님이나(〈와호장룡〉, 2000과 〈방탄승〉, 2003) 늙은 해적(〈캐리비안의 해적 3〉, 2007), 여주인공과 어떤 로맨스도 발전시키지 못하는 샴의 왕(〈애나 앤드 킹〉, 1999)이나 전문 킬러(〈리플레이스먼트 킬러〉, 1998) 역이었다. 그나마 스코르세스 감독의 영화에서나 홍콩 시절에 가장 근접한 역할인 뉴욕 차이나타운의 중국인 경찰을 연기했다. 전형적인 경찰 간의 연대에 대한 영화(〈커럽터(Corruptor)〉, 1999)였다. 어느 역할이든 섹스어필하는 동아시아 남성상을 각인시키지 못했고, 영화의 스토리들은 아시아 남성에게 부여할 로맨틱 내러티브의 공간이 없는 것처럼 흘러갔다.**

* 맷 데이먼이 주연한 장이모 감독의 중국 영화 〈그레이트 월〉(2016)이 대표적이다.

** 대표적인 경우가 주윤발이 당대의 섹스심벌 미라 소비노와 주연한 〈리플레이스먼트 킬러〉다. 중국에서 미국으로 건너온 킬러가 살인 사주자의 요구를 저버리고 다수의 자객을 피해 여자와 도주하는 영화로 여러 차례 여자 주인공과 관계가 발전할 수 있는 장르적 상황에서도 주윤발이 연기하는 중국 남자는 여성과 로맨스 관계에 들어가지 않는다.

이런 상황에서 BTS가 동아시아 남성의 이미지를 전면에 내세운 채, 세계적인 유명인으로 등장한 것이다. 중국과 일본 사이에 끼어 있는 동아시아의 작은 나라 한국 출신에다 사투리 억양을 묻히고 영어를 하지 못하는 이들의 지역성은 일상을 다루는 수많은 콘텐츠를 통해 그대로 드러났다. 콘텐츠 속에서 이들은 꾸밈없고 소박하게 존재할 뿐임에도 전 세계에 이들을 섹스어필하다고 느끼는 대형 팬덤을 형성하게 되었다. 아이돌 시스템은 일본 대중문화에서 먼저 태어났고 일부 일본 아이돌은 동아시아에서 인기를 누리기도 했지만 전 지구적으로 두드러지지는 못했었다. 게다가 BTS는 무대 공연이나 뮤직비디오 등 가수들이 빛날 수 있는 제한된 내러티브 공간 안에서만 남성성을 발휘한 것이 아니라, 셀러브리티로서 여러 쇼 콘텐츠와 일상을 찍은 프로그램을 통해 기존의 지배적 남성성의 관습을 무너뜨리는 새로운 남성성의 자료를 방대하게 제공하고 있다.

자신의 외모를 가꾸고 사람들을 상냥하게 대하며 동성 간의 친밀함을 유지하는 아름다운 동아시아 청년들의 성공담은 지구상 다문화 청년들에게 자신의 정체성을 구성해나가기 위한 훌륭한 재료를 제공한다. 또한 이성애자 여성 팬과 남성 팬은 물론, LGBTQ 커뮤니티의 백인과 유색인 팬 모두에게 해방감을 준다는 평가를 받는다. 그 이유가 과연 뭘까. 무엇이 17세의 레즈비언을 아미로 만드는가?

이성애자 여성 팬의 경우는 BTS를 통해 지배적인 남성성이 마런한 여성의 위치에서 적극적으로 벗어날 꿈을 꾼다. BTS는 BU를 통해서뿐만 아니라 자연인으로서 많은 콘텐츠를 생산하기 때문에 엔터테인먼트가 일방적으로 만들어낸 이미지라는 한계를 넘어선다. 그 결과 아미가 자신의 최애에 대해 꾸는 꿈은 환상 이상의 구체성을 지닌다. 2장에서 설명했듯, 일상을 공유한 다차원적 트랜스미디어 스토리를 통해 현실성을 얻은 이 셀러브리티들은 가부장제가 힘을 실어준 기존의 지배적 남성성의 영역에서 벗어날 기회를 팬들에게 제공한다. 이성의 시선 앞에서 아름답게 보여야 한다는 소명을 여성만이 아니라 남성도 함께 느끼고 수행할 때의 즐거움. 이것을 너무도 잘 아는 BTS는 일상에서 느끼는 희로애락을 직접 소통할 수 있을 만큼 공감 능력이 높고 배려심이 많고 상냥한 남성을 꿈꿀 수 있게 해준다.

경제력 있는 남성과 결혼하기 위해 모든 것을 재조정하거나 포기해야 했던 여성들에게, 이런 가부장제적 관습을 거스를 꿈을 꾸게 해주는 이 남자들. 온라인 대화에서는 BTS 멤버들을 '내 남편'이라고 부르는 팬들을 흔히 볼 수 있었다. BTS가 소년으로 보이는 내 입장에서 이런 호칭은 많이 어색해 보인다. 그러나 개인의 판단과 상관없이 이 새로운 남자들은 성년의 이성애 여성들에게 이상적인 남자 친구의 모델임에 틀림없다. 뿐만 아니라 여성들은 가부장제 속에서 희귀재인 '좋은 남자'를 쟁취하기 위한 경쟁으로 몰리기 때문에 나이 들수록 여성들 사이의 연대감은 낮아진다. 그렇기 때문에 여성들의 관계가 팬덤 속에서 방대한 연대로 재탄생하는 것을 경험하는 일은 감동적이다. 같은 BTS 멤버가 최애인 이성애자 여성 팬들은 이 공통점만으로도 언어나 문화권에 상관없이 친구가 된다. BTS 콘서트에 미리 와서 텐트를 치고 줄을 서는 팬들에게 이 일이 피곤한 노동이 아니라 축제인 것이 바로 이 때문이다.

BTS는 이성애 남성에게도 해방감을 준다. 계층에 따른 가정교육의 차이를 감안하더라도 매체가 관여하는 가부장제 이데올로기 속에서 소년들은 일찍부터 삶의 곤경에 용기 있게 대처할 것을 장려받고 때로는 훈육된다. 아파도 울지 말고, 남 앞에서 자신 있게 자기 의사를 표현하며, 감정을 심하게 드러내지 말라고 말이다. 좀 더 자란 후에는 경쟁 시스템에서 패배자가 되지 않기 위해 몸과 마음을 훈육하도록 지도받는다. 이 과정에서 여성적인 행동이나 가치들은 평가절하되고 그에 가까운 본인의 취향을 드러내는 것 또한 또래집단의 감시 아래에서 더욱 조심스러워진다. 이런 과정이 당연시되고 규범화되기에, 많은 소년들이 의기소침해지거나 억압당하고, 자신의 남성성에 대한 자신감을 잃게 된다.

이런 소년기를 보낸 청년들에게, 케이팝은 새로운 이성애 남성성을 구축해나갈 수 있는 기본 재료를 제공한다. 이를 증명하듯, 소심하고 친구가 없는 청년이 케이팝 댄스 동아리의 대표로 활동하거나 페스티벌을 조직하는 등 팬 커뮤니티에서 중요한 역할을 하는 모습이 관찰되기도 했다. 특히 미국에서 만난 BTS의 20대 남성 팬들은 BTS의 남성성을 트럼프 대통령 시대 미국의 보수적이고 헤게모니적인 남성성에 대한 안티테제라고 힘주어 말했다.

BTS가 보여주는 것처럼 남성들 간의 스킨십에 너그러운 동아시아의 동성 간 친밀함의 문화 또한 이들에게는 새로운 세계다. 케이팝 팬으로서 이들은 자신의 이성애자 정체성을 위험에 빠뜨리지 않고도 분홍 머리띠를 두르고 여성 팬들과 함께 콘서트장에서 환호하는 자유를 누릴 수 있다. 서구의 정상적인 이성애 규범이 지나치게 편협하고, 지배적 남성성의 시선에서 만들어졌기 때문에, 다양한 젠더 감수성을 지닌 개인들이 사회로부터 억압적인 시선을 받아온 것이다.

BTS가 보여주는 새로운 남성성은 LGBTQ 그룹에게도 자신의 성정체성을 더욱 자유롭게 발전시킬 다양한 기회를 제공한다. 동성 간의 애정 표현과 갈구의 자유로움을 보여주는 BTS 멤버들의 일상은, 지금은 많이 정상화되었다고는 하지만 미디어 속에서 수없이 범죄시되었던 동성애 커뮤니티에게도, 이런 동성 간의 우정과 애정 표현이 '이상한' 것이 아니라 지극히 인간적이고 정상적임을 대변해준다. 게다가 앞에서 설명했듯, BTS가 보여주는 동성 간의 친밀성은 동성애 커뮤니티를 적대시한다기보다 동성애와 동성 사회성의 경계를 흩뜨리는 모호함으로 가득하다. 이 모호함은 다양한 젠더 감수성을 지닌 LGBTQ 커뮤니티에게도 해석의 자유와 모에의 즐거움을 준다.

BTS의 몸

〈MIC Drop〉 뮤직비디오를 무음으로 틀어놓는다. 무대 공연을 찍은 것이어도, 개인을 집중적으로 클로즈업한 영상이어도 좋다. 어느 영상에서든 에너지 충만한 BTS 멤버들의 움직임이 고스란히 관찰된다. 다양한 색채의 오버핏 의상을 입고 힙합의 리듬에 따라 전개되는 역동적인 멤버들의 자리 이동과 움직임, 카메라의 이동과 장면의 전환, 화면을 뚫고 전달되는 에너지와 화려한 색과 동선의 향연이 보는 사람에게 이들이 부르는 노래의 언어와 내용조차 궁금해할 틈을 주지 않는다. 이 에너지를 느끼고 저 움직임에 매혹되는 데는 굳이 언어나 멜로디의 힘이 필요 없을 듯하다. 이들의 단련된 몸과 움직임은 그러나 처음부터 주어진 것이 아니었다. 동아시아의 작은 나라 한국이라는 지역성 위에서 단련된, 그러나 전 지구적으로 소통될 수 있는 힙합과 젊음으로 코드화된 것이다. 이런 몸과 움직임을 지니기 위해 이들은 데뷔 전부터 수년간 연습실에서 땀을 흘렸다.

2018년 10월, BTS의 파리 아레나 공연 후에 근처 레스토랑에서 와인을 한잔 기울이며 오늘 경험한 것에 대해 생각을 정리하던 참이었다. 레스토랑의 벽에 걸린 작은 화면에서 뮤직비디오들이 나오고 있었는데, 갑자기 눈에 익은 움직임이 시야에 들어왔다. BTS의 〈MIC Drop〉 뮤직비디오였다. 도심 레스토랑의 소음 속에서는 프랑스의 케이블 채널에서 흘러나오는 음악과 가사가 제대로 전달되지 않았지만, 날렵한 동아시아 뮤지션들의 세련된 움직임과 함께 클로즈업되는 얼굴들이 강렬하게 시선을 사로잡았다.

불현듯, 세계화와 정체성 문제를 성찰한 줌파 라히리의 소설에 대한 단상*이 떠올랐다. 미국에 사는 백인 여성 미란다가 불륜 관계인 인도 남성의 본국에 있는 아내와 닮았다는 볼리우드 배우 딕시(Dixit)의 사진을 보며, 특별한 감정을 느낀다. 미란다는 백인 여성으로서 자신의 신체는 미국의 한 도시에 묶여 있는, 특징 없는 비-코스모폴리탄적인 몸이지만, 인도 여성 딕시는 백인 여성에 비해 인종화된 몸이면서도 초국가적 이동성을 암시하는 코스모폴리탄적인 몸이라고 느낀다. 미란다에게 아름다운 인도 여성이란 '지구적 소속감(global belonging)'을 지닌 것으로 다가오며, 이것은 더는 세계의 중심이 아닌, 지방화된(provincialized) 백인 여성에게 세상을 새롭게 인식하게 도와주는(prosthetic) 뷰티로 작동한다. 전 세계의 아미들에게 지역성을 극복한 BTS의 세련된 패션과 아름다운 얼굴 및 몸은, 미란다가 딕시에게서 느끼는 것과 같은 세계주의적 몸으로서 특별한 감성을 자극하고 있는 것은 아닐까, 하는 생각이 들었다. BTS를 사랑하는 아미라는 거대한 글로벌 커뮤니티에 동참하는 것 자체가 청년들에게 지구적 소속감을 느끼게 해주고, 일곱 청년의 아름다움을 통해 세계 속에서 자신의 정체성을 정립하

* Vanita Reddy, 〈Jhumpa Lahiri's Feminist Cosmopolitics and the Transnational Beauty Assemblage〉, 《Meridians: feminism, race, transnationalism》, Duke University Press, 2013.

게 하며, 세계화된 세상을 새롭게 인식하게 하는 것은 아닐까.

세계화의 빠른 진전 속에서 인종과 젠더 문제는 갈수록 복잡하게 얽혀가고, BTS는 동아시아 남성으로서 기존의 지배적인 인종과 젠더 정치에 대한 새로운 가능성으로 등장했다. 결국 BTS의 성공은, 빅히트도 멤버들도 의도하거나 예상하지 못했던 운명을 이들에게 만들어주었다고 할 수 있다. 다시 말해 BTS가 길을 나설 때 미처 생각하지 않았던 운명의 전개 속에서 이들에게 새로운 목표와 의무가 주어졌고, 이 이야기의 주인공으로서 이 목표를 향해 나아가기 위해 분투해야만 하는 위치에 서게 된 것이다. 애초에 청년들에게 쏟아지는 몰이해와 비판에 맞서 싸운다는 의미로 지어진 그룹명 방탄이 세계적인 성공을 거두면서 BTS로 바뀌었더라도 이들은 여전히 이 세계 속에 존재하는 인종과 젠더에 대한 편견과 싸워야 하는 히어로의 역할을 하게 된 것이다. RM의 유엔 연설은 이런 그들의 소명이 잘 녹아들어 있는, 세계를 향한 메시지였다. 이런 역할은 한류와 케이팝의 수용 속에서도 관찰되는 현상이지만, BTS의 넓은 팬덤, 그들의 열성이 만드는 방탄성으로 인해 BTS가 앞서서 총탄을 맞으며 전진해야 하는 상황들이 생겨나고 있다. 이들은 케이팝에 쏟아지는 인종과 젠더 차원의 여러 도전적 담론을 전면에서 맞서며 세계 속으로 걸어나가고 있다.

BTS,
새로운 시대의 상상력

그 사이에 많은 일이 있었다. BTS의 앨범이 1년 안에 빌보드200의 정상을 세 번이나 점령하면서 BTS가 비틀스와 비교되기도 했고, 2019년에는 전설로 남을 전 세계 스타디움 투어 'LOVE YOURSELF: SPEAK YOURSELF'를 성공적으로 마쳤다. 2020년 2월 BTS는 앨범 중에 가장 화려하고 장대한 《MAP OF THE SOUL: 7》을 세상에 내놓으며 더욱 큰 역사를 쓸 준비가 되어 있음을 보여줬다. 이 앨범을 구성한 뮤직비디오들의 스케일로 짐작할 때, 2020년의 세계 투어는 2018년과 2019년에 비해 더욱 강력한 스펙터클을 제공할 것으로 보였다. 소속사인 빅히트는 여러 엔터테인먼트 회사를 흡수하고 위버스와 위버스샵 등 새로운 수용자 플랫폼 환경을 만들며 상장을 준비하는 한편, 엔터테인먼트 사업을 다음 단계로 도약시킬 채비를 하고 있었다. 한마디로 BTS와 그 소속사는 도약을 위해 팽팽하게 당겨진 활시위 같은 모습이었다.

그런데 바로 이때 코로나19가 전 세계를 강타했다. 나라 사이의 이동은 힘들어졌고, 사람들의 몸과 마음은 감염의 공포와 격리의 무기력 속에서 전례 없는 타격을 입었다. 지나간 전쟁의 사상자를 환기시키는 희생자와 감염자 수가 매일 뉴스를 채웠고, 수많은 개인이 한자리에 모여 땀을 흘리고 소리를 지르며 열광하는 현장인 공연은 모두 취소되었다. 그동안 방탄이 개척해온 미국 대중음악 속으로의 길은 BTS뿐만 아니라 케이팝의 여러 스타들이 함께 걷는 길이 되었다. 팬데믹 상황이 닥치자 케이팝은 다른 어느 대중문화 산업보다 빠르게 오프라인 공연을 대체할 온라인 공연 포맷을 만들어냈다.

바이러스가 전 세계 시민들을 거리두기와 격리로 분리하는 팬데믹의 한가운데서 2020년 6월 14일 BTS의 데뷔 7주년을 기념하는 첫 유료 온라인 콘서트 '방방콘 더 라이브'가 열렸다. 팬미팅과 공연이 결합된 형태인 이 행사는 최고 동시 접속자 수가 75만 6600명을 찍으면서 당시 세계 최대의 온라인 콘서트 기록을 세웠다. 온라인 공연으로서 기술적, 예술적 완성도가 훨씬 높아진 10월 10일과 11일의 'MAP OF THE SOUL ON:E' 콘서트는 무려 191개국에서 99만 명이 관람한 초대형 이벤트였다. 6만 명이 입장 가능한 스티디움 콘서트 16개를 개최해야 만날 수 있는 팬을 단 이틀의 온라인 공연으로 만난 셈이다. 하지만 온라인 공연은 실제 공연장의 분위기를 환기시키기 위해 여러 가지 장치를 동원했음에도 몸과 몸이 만나 함께 공유하는 열기와 에너지를 만들어내지 못했다.

인류는 바이러스가 물러나더라도 과거로의 완전한 회귀는 불가능한 지점에 서 있다. 이것은 단지 의학과 위기관리의 문제가 아니라 훨씬 거대한 지구 환경과 생태계의 문제에 연결되어 있기 때문이다. BTS의 길 또한 그럴 것이다. 내가 본 것과 같은 뜨거운 면대면 공연이 가능할지 불확실하고, 군 입대를 앞둔 멤버들의 현실 또한 변화의 요인이다.

그동안 BTS가 걸어온 가파른 오르막길은 이제 굴곡진 지점을 앞두고 있다. 그 지점에서 2020년 8월 21일에 발표한 〈다이너마이트〉가 다시 한 번 여러 기록을 경신하며 미국을 포함한 104개국의 음악 차트에서 1위를 하는 초대형 인기곡이 되었다. 이 노래는 팬데믹으로 이동의 자유를 잃고 어딘가에 갇혀 있어야 하는 모든 지구인에게 긍정적인 에너지와 활기를 주려는, 경쾌한 영어 곡이다. 〈다이너마이트〉는 빠르게 전 세계에서 커버댄스 영상을 양산해내면서 팬들에게 정상적인 삶에 대한 기억을 회복시켜주는 좋은 영향을 미쳤다. 지금까지 어려운 상황에 처한 동시대 청년들에게 위로와 공감의 메시지를 전해온 BTS는 팬데믹의 한가운데서도 이런 의도와 목표에 부합하는 음악을 만들어낸 것이다. BTS가 굴곡진 길에서 무엇을, 어느 쪽을 보고 있는지는 곧 발매될 2020년의 두 번째 앨범에서 드러날 것이다.

한류는 아시아인들에게 민족국가(national)를 넘어서 지역(regional)을 상상하고, 동아시아라는 넓은 문화 지리적 공간에 스스로의 운명을 투사할 기회를 제공했다. 동아시아의 작은 나라에서 세계로 나온 BTS 일곱 청년의 성공 스토리는 전 세계 팬들이 자신들의 상황을 세계 속으로 투사해볼 계기를 만들어주었다. 유튜브를 보면 미국이나 유럽의 길거리에서 무작위로 행인을 붙잡고 한국이 어디 있는지 아느냐는 질문을 던지는 영상을 쉽게 볼수 있다. 그런데 이 질문에 정확하게 대답하는 사람은 많지 않다. 미국의 경우 자국중심주의는 더욱 심각하다. 동아시아의 작은 나라에서 만들어진 음악과 문화가 귀에 익고 눈에 들어오는 경험은 수많은 팬들에게 세계와 자신의 관계를 새로운 상상력 속에서 이해할 기회를 주었을 것이다.

이처럼 동시대인들에게 새로운 경험을 제공하는 BTS는 단순히 이국적인 호기심의 대상이 아니라 새로운 남성성과 인종적 상상력을 담지한 몸과 인간관계 그리고 메시지를 전하는 매체(medium)의 역할을 한다. 그들은 신자유주의적 경쟁 속에서 분투하는 개인의 성장통을 다년간의 앨범과 스토리에 담았고, 수행과도 같은 그 길의 끝에서 스스로를 받아들이라는 메시지를 구축하는 데 성공했다. 이 성공은 그들과 동반한 거대한 팬덤인 아미와 함께 이룬 것이었다. 세대적 교감으로 형성된 뜨거운 관계 속에서 이들은 서로를 바라보며 함께 나이 들어갈 것이다.

BTS 길 위에서

초판 1쇄 발행 2020년 11월 22일
초판 4쇄 발행 2021년 12월 27일

지은이 | 홍석경
발행인 | 김형보
편집 | 최윤경, 강태영, 이경란, 양다은, 임재희, 곽성우
마케팅 | 이연실, 김사룡, 이하영
디자인 | 송은비
경영지원 | 최윤영

발행처 | 어크로스출판그룹(주)
출판신고 | 2018년 12월 20일 제 2018-000339호
주소 | 서울시 마포구 양화로10길 50 마이빌딩 3층
전화 | 070-5080-4113(편집) 070-8724-5877(영업) 팩스 | 02-6085-7676
e-mail | across@acrossbook.com

ⓒ 홍석경 2020

ISBN 979-11-90030-74-8   03300

이 도서의 국립중앙도서관 출판시도서목록(CIP)은 e-CIP홈페이지(http://www.nl.go.kr/
ecip)에서 이용하실 수 있습니다. (CIP제어번호 : CIP2020047740)

만든 사람들
편집 | 강태영
교정교열 | 윤정숙
디자인 | 김아가다
본문 조판 | 성인기획